U0610555

你知道吗？

孩子的成长是有规律的。

希望这本书能帮你

真正了解自己的孩子。

全球阶梯教养圣经

Your Two-Year-Old

你的2岁孩子

[美] 路易丝·埃姆斯
[美] 弗兰西斯·伊尔克 著
崔运帷 | 译

北京联合出版公司
Beijing United Publishing Co.,Ltd.

目录

contents

作者序

给父母一份关于孩子的成长地图 *001*

名家推荐序（一）

众里寻他千百度 *005*

名家推荐序（二）

在这里寻找答案 *010*

名家推荐序（三）

在帮助孩子的同时懂得孩子 *012*

编者序

特别科学，特别爱 *014*

两岁孩子能力发展及教养简表 *018*

“乖乖的两岁”和“可怕的两岁”——两岁孩子的性情转变

两岁孩子的生活技能、运动技能和语言能力等已经有了明显提高，情绪也比较稳定，显得温和而友善，和他们相处显得比一岁半容易多了。但“可怕的两岁”这个词又是怎么来的呢？父母在这个阶段又有些什么要注意的呢？本章将告诉你答案。

1. 给父母的提醒 *008*

- 同龄孩子间的性格差异可能与孩子的人格特质有关
- 你做对了，孩子才会做得对
- 你在他们心中的地位不会改变

Chapter 2 好奇与执拗——两岁孩子的身心发展特质

在很多父母看来，两岁的孩子是最讨人喜欢的，也是最好照顾的。他们不再像一岁半时那么盲目、莽撞、冲动，一刻也坐不住，也不会再只以自我为中心、不管他人，需要你追着他到处跑。你不用再时刻跟在他身边保护他了，也不用再担心他一不小心就摔倒，真的是这样吗？

1. 两岁的孩子变得懂事、温和 014

- 情绪稳定、快乐自足
- 喜欢观察和探究身边的世界

2. 两岁半到三岁之间的极端期 018

- 他会违背自己的意愿，和自己对着干
- 对一切都要求“一致”
- “做选择”是件异常艰难的事情
- 固执、不听话，其实是为了获取安全感
- 两岁孩子的顽固、多变是成长的必经阶段
- 家长多用“为什么”可以让他增长知识
- 情绪很紧张

以自我为中心——两岁孩子的人际关系

孩子到了两岁后，开始喜欢与别的小朋友在一起玩。但奇怪的是，他们之间并没有多少深入的接触和交流。许多父母对此都有疑虑：孩子的这种相处方式，到底有没有意义呢？答案是肯定的。不要拘泥于他们“没有接触和交流”这点，因为这并不代表他们不喜欢与对方在一起，事实上他们在相处的过程中会收获很多。

1. 两岁：基本不会注意其他人 *030*

- ⊙ 孩子们彼此之间并不做实际交流
- ⊙ 打架只是沟通方式的表现
- ⊙ 相互间的关系变动很大，大人应为他们安排多种活动

2. 两岁半：最需要父母引导的时期 *036*

- ⊙ 希望每件东西都完全归他所有
- ⊙ 有很强的攻击性
- ⊙ 大人要多给孩子正确的引导，锻炼他们的社会能力

3. 兄弟姐妹：尽量不要让他单独与弟弟妹妹相处 *041*

尊重+引导——与两岁孩子相处的技巧

本章所说的技巧有一种秘诀的意思，年轻的父母用这些专家提供的技巧可以更好地与两岁的孩子相处，帮助他在这一段时间健康成长。比如，接受孩子将玩具摆在同一个地方等，这些小技巧对于培养他一生的自我意识有很重要的作用。

1. 使生活愉快的十三个技巧 046

- 技巧一：约定规矩
- 技巧二：接受孩子追求“一致”
- 技巧三：接受并允许他有寄托物
- 技巧四：收好不能让他拿到的重要物品
- 技巧五：对孩子的指令要留有余地
- 技巧六：尽量想办法吸引孩子的注意力
- 技巧七：不要让他跟你“讨价还价”
- 技巧八：自己说出解决问题的办法
- 技巧九：转移关注点或带他离开
- 技巧十：告诉他事情的安排及过程
- 技巧十一：让音乐无处不在
- 技巧十二：对他的哭闹置之不理
- 技巧十三：给孩子做选择的机会

2. 给父母的提醒 061

动作协调和语言表达能力进步——两岁孩子的能力表现

孩子的能力表现因人而异。有的孩子说话早，到了两岁的时候，已经能用很丰富的词汇表达意思了。可有的孩子已经三岁多了，尤其是男孩，还不能很好地说话。但这并不表示他比别人笨。所以，你千万别把他和其他孩子比，因为每个孩子的发展都有自己合适的时间表。

1. 两岁：各方面能力都在进步 066

- 动作方面：控制身体的能力大大增强
- 视觉方面：父母要细心观察孩子视力发展是否正常
- 协调适应方面：通过模仿可以锻炼他的协调适应能力
- 阅读方面：他会对与自己做的事有联系的故事更感兴趣
- 音乐方面：开始对音乐感兴趣
- 游戏方面：喜欢设置情节简单、与实际生活类似的游戏
- 庆生会的安排：让孩子更好地体会过生日的乐趣
- 语言方面：词汇量开始增加，建议父母不要过早地让他去阅读
- 与他人交谈方面：他和别人的对话大多属于自发性的表达

2. 两岁半：能力有实质性提高，
父母应及时引导 *091*

- 动作方面：精细动作上的能力有了很大提高
- 协调适应方面：具备了新的能力，学会判断简单事物
- 游戏方面：钟爱角色扮演和拆分拼装东西的游戏
- 电视方面：父母应恰当地为孩子安排电视节目
- 语言方面：学会用简短的句式表达，却很少回应别人

6 Chapter 帮孩子养成良好的生活习惯——**父母必须注意的生活常规**

和一岁孩子不一样，两岁孩子已经可以开始自己吃饭，尝试自己穿衣，父母在这个阶段要合理安排孩子的日常饮食、培养他良好的生活习惯。这其中有很多诀窍和技巧，而给孩子一定的选择食物的自由，遵从他喜欢的洗澡方式等，都对塑造他一生的自我意识有益。

1. 恰当的饮食才是最健康的 *102*

- 千万不要勉强他吃东西
- 尽快了解孩子的饮食偏好，这对母子感情的培养非常有必要

2. 洗澡时可以多遵从孩子喜欢的方式 *106*

3. 想顺利哄孩子穿上衣服其实有很多窍门 *108*

⊙ 两岁左右的孩子脱衣服比穿衣服要熟练得多

⊙ 两岁半的孩子会更计较穿衣服的过程

4. 学会制定规则让孩子按时上床睡觉 *111*

⊙ 怎样让两岁的孩子上床之后安然入睡

⊙ 制定“规矩”能够帮助父母让两岁半孩子乖乖上床睡觉

5. 孩子的午睡时间不要超过两个小时 *116*

6. 认真地对孩子进行大小便训练 *118*

⊙ 孩子两岁的时候就很少会把大便拉在裤子里

7 Chapter 最重要的是足够的关爱和照顾——

心智能力的发展

孩子的心智或智力是不需要你特别帮助的。如果出生后他的智力正常，你只需提供给他恰当且丰富的玩具、小儿书和一些喜欢玩的东西就行，另外每天在忙碌中抽出一部分时间，给他关爱和照顾，孩子的心智自然会健康正常地发展。

1. 时间观念：形成次序感 127

⊙ 两岁——初步形成先后次序的观念
⊙ 两岁半——掌握表示不同时间的词汇

2. 空间概念：家长多提问有助于孩子对空间的认识 130

⊙ 两岁到两岁半——空间词汇扩展得最多
⊙ 两岁半——对周围环境具体的位置有了基本认识

3. 数概念：了解更多与数量相关的词 134

⊙ 两岁——除非有特殊训练，否则对数字的概念不会超过“二”
⊙ 两岁半——语言中出现更多与数量相关的词

4. 幽默感：两岁半是最佳培养时期 136

⊙ 两岁——没有太多的幽默感
⊙ 两岁半——培养孩子幽默感的最佳时期

5. 编说故事：想象能力培养的好方法 141

⊙ 两岁孩子的词汇有限，讲故事没什么逻辑性

6. 创造力：在日常生活中就可以培养 144

⊙ 培养创造力的道具
⊙ 通过提问培养创造力

8 Chapter 因材施教——两岁孩子的个体差异

因材施教不仅要在上学时实行，还要从小实行；因材施教不仅要根据孩子的不同性格采取不同的教养方法，而且要详细分析孩子的身体、健康、性别，然后区别教养。本章提供的就是不同科学家们给家长提供的因材施教的不同方法。

1. 孩子的表现会因性别差异有所不同 152

- ⊙ 女孩发育一般比较早
- ⊙ 编故事方面的性别差异

2. 同一个团体中的孩子也会有不同表现 155

- ⊙ 多观察有助于父母带好孩子
- ⊙ 尊重和引导最重要

你是否也遇到过这些麻烦？——源自妈妈们的真实故事

不同的孩子在成长过程中会表现出一定的规律和特点，很多孩子在同一事件上出现了同样的让父母棘手的问题。为了帮助父母解决这些问题，我们特意挑选了一些有代表性的妈妈的来信进行分析，相信对读者会有所帮助。

1. 孩子不仅吸吮大拇指，还有卷扭头发的习惯，怎么办？ 160
2. 孩子害怕晚上入睡，怎么办？ 163
3. 孩子一刻不离玩具熊，正常吗？ 166
4. 孩子是否真的需要如厕训练呢？ 169
5. 孩子说话不清楚，怎么办？ 172
6. 孩子霸占了所有的休闲时间，怎么办？ 174
7. 我的两岁儿子是天才吗？ 177
8. 怎样告诉两岁孩子关于“死亡”之类的事？ 180

9. 孩子不肯自己进食，怎么办？ 183

10. 孩子不肯待在床上睡觉，怎么办？ 185

11. 孩子喜欢咬人，怎么办？ 188

12. 孩子喜欢光着身子跑来跑去，怎么办？ 191

13. 孩子过度好动、顽皮，怎么办？ 194

14. 孩子经常晃动小床并且用头撞墙，
有什么好办法制止吗？ 199

15. 孩子不懂礼貌，做事犹豫不决，
怎么办？ 202

16. 家里又有新生儿降生，
怎样帮两岁的孩子适应？ 205

17. 孩子每天都很早就起床，
家里被弄得乱糟糟的，该如何处理？ 208

18. 孩子事事和你对着干，怎么办？ 211

19. 孩子不能和其他孩子和睦相处，
怎么办？ 213

结语 216

附录

附录一：适合二到六岁孩子的玩具和设备 *220*

附录二：适合两岁孩子的玩具 *222*

附录三：适合两岁半孩子的玩具 *224*

作者序

给父母一份关于孩子的成长地图

“孩子在不同的年龄，会有着怎样的发展和行为呢？”

给这个问题提供标准和规范，可能会让你觉得心里很踏实，也可能会引起你的忧虑不安。即便如此，我们还是觉得，对于大多数父母而言，了解孩子在某个年龄阶段的特点，可以减少在教育孩子过程中的盲目性。特别是当孩子遇到困难和麻烦的时候，如果父母知道这不是你孩子的个别行为，而是这个年龄阶段孩子拥有的暂时现象，那心里就会踏实很多。

早在四十多年前，格塞尔人类发展研究所就成立了。在阿诺·格塞尔博士的指导下，我们在耶鲁大学开发了一个新的研究课题，即探讨不同时期儿童行为的发展特点及规律。我们对数以千计的小男孩和小女孩进行了观察与研究，每一项研究结果都让我们所有人相信一点，那就是人类行为的发展是有章可循的。因此，我们能准确地预测出你的孩子在成长的不同阶段，在动作、语言、社会行为和情绪发展等各个方面，会有怎样的表现和特点。也可以这样说，我们能够对百分之八十的孩子，在个人发展过程中将面对的问题进行正确的预测。

我们都知道，每个孩子都是唯一的，没有一个孩子能够代表所有的孩子，即便是双胞胎，也会在某些方面存在着一定的差异。与此有关的话题，我们会在本书的第九章展开论述。

因此，当你看到“四岁的孩子狂野而美妙，五岁的孩子开朗而愉悦，到了六岁就又不同”时，千万别以为，所有的孩子在那个年龄段“都会”或者“应该”是那个样子。

有些孩子发展很快，有的则步伐有点慢。当然，还有一大部分孩子的发展经历会和我们描述的大同小异。除了孩子在发展速度上有快慢之别外，其稳定性也会因人而异。有些小孩在每个阶段都能很好地适应，而有些孩子则出现了好多的问题，也给父母带来很多烦恼。

经过研究发现，有些孩子各方面均衡发展，不管是动作、学习还是语言方面，都呈现出一致性的特点。有些孩子可能各个方面都慢一点，也可能各个方面都快一点，或者各个方面的发展速度不快也不慢。也有一些小孩属于混合型发展，比如语言能力发展超前，而动作能力却发展得比较缓慢。

在这本书里，我们会对孩子在各个阶段的发展特征进行描述。为了避免让读者产生困惑或某些担心，我们再次重申：我们在书中所描述的孩子在不同年龄阶段的发展特征，具有一般性、概括性，是我们对数以千计的孩子进行观察和研究之后，所归纳出来的一般性结论。说得再形象一些，这本书就如同一张地图，只是你出行的参考。我们只是告诉了你距离的远近以及这个城市的情形，但却不知道你会有怎样的具体游览过程。也许你步履匆匆，走马观花；也或许你闲庭信步，心情悠然；也没准错过了美景而转身往回走。这些都不是地图能够左右的，它只是告诉你地理位置，而不能决定你的路该怎么走。

事实上，有很多的父母感觉我们的“儿童行为发展图”作用很大，对自己很有帮助。如果你赞同我们的观点，你也可以参考我们提供的图，可能你也会从中得到帮助。不过，你千万不要用书中的一般情形和你孩子的发展情形去做比较，以免对孩子或我们的研究成果进行不当的评价，进而产生教育上的误区。

“你的孩子是独一无二的。”请一定要记住这一点。我们希望这本书可以帮助你更加了解孩子，从而理解并欣赏孩子的行为。

名家推荐序（一）

众里寻他千百度

每一个做了父母的人，都希望自己能够做一个对孩子成长负责任的好爸爸或好妈妈，我也不例外。当儿子的生命还蠕动于我的体内时，幸福的同时伴随着我的决心——一定要做一个好妈妈！

孩子出生了，他躺在我的怀里，吸吮着我体内流淌的乳汁，明亮清澈的大眼睛和我对视着，充满了对我的信任和爱，而此时，我却感到了一阵恐慌——我该如何去爱上天赐予我的这个宝贝？我懂得要给他吃母乳、要保护他的安全、要尽我所能地给予他最好的教育……但是，我不懂得在他每一个成长阶段，会出现怎样的心理发展过程，这些心理发展会让他呈现出怎样的行为，我又该如何去帮助他完成这些发展过程。比如，他现在才三个月大，他的精神需要是什么？我是否应该让他吃手指？在他六个月大的时候，他会出现怎样的行为？他四岁的时候如果与小朋友打架，我该怎么来处理……我感觉到做一个好妈妈有些力不从心！

随着孩子一天天长大，他真的开始吃手指头了；他去幼儿园的第一周就和小朋友打架了，脸上还被抓出了血痕；他开始追着我和先生的屁股不停地问问题，这个世界有太多他不明白的东西；他拿起剪刀把自己的头发剪成了朋克状；他在幼儿园为了不把大便解在裤子里而憋上一天，我们不明白他为何不去洗手间；他开始说“屁股”“臭大便”，反复地说，我们越是阻止他说得越开心；他开始邀请幼儿园的小朋友到家里来做客，而且没有经过我们的同意就带小朋友回家了；他开始对文字感兴趣，家里的任何一本书以及大街小巷的每一个门牌和挂着的标语，他都要求我们认真地读给他听……

因为不懂得孩子，所以我们会犯下很多的错误。比如，当他的脸被小朋友抓出小小的血痕时，我告诉他：“如果谁再靠近你，你就还击他！”当天，老师给我们的反馈是：

“你的孩子怎么了，小朋友才靠近他，他就出手抓人家的脸，他以前不这样啊！”我立即意识到自己的教育是有问题的，但问题在哪里，我却不知道。

当我发现自己存在问题后，我开始学习教育孩子的方法，于是到书店里去买书看。然而，十七年前的书店里，教育孩子的书种类非常稀少，唐诗和宋词外加名人教子语录，这些书籍无法帮助我理解孩子的成长规律，也无法让我学习到正确的应对方式，于是，我仍然在黑暗中摸索着孩子的成长规律。

在孩子十五岁的时候，我才接触到了教育的核心，才开始明白教育的本质是帮助孩子完成每个年龄阶段生命发展的任务，可是，我的孩子已经十五岁了！他成长中最重要的时期被我错过了，那种因为错过而心痛的感觉让我在许多夜晚不能成眠，我们和孩子都无法重新来过，我们再也回不到从前了！现在，孩子已经二十岁，即将离开我们远赴英国上大学。好在从我明白错过的那一刻起，我没有再错过孩子的成长。这五年是我弥补自己缺失的五年，感谢上天给了我这五年的时间！

有了陪伴孩子成长的经历，有了我对教育的研究和感悟，我觉得自己有责任为年轻的父母们做点什么，让他们不再重蹈我们的错过。这些年来，我不断地接触、体验和思考新兴的教育理念和方法，寻找能够给父母们带来更好帮助的书籍。但是，一直没有这样的书入我的眼，直到玉冰把这个宝贝带到我的面前，这套书让我眼前一亮——这不正是我多年来苦苦寻找而不得的宝贝吗？！

这是一套研究 1~14 岁孩子发展规律的书，一群严谨的学者用了四十年的时间来研究每一个年龄阶段孩子的发展规律，并给父母提出了具体的建议和应对方法。虽然我国也有很多研究教育的机构，但是，我们缺乏对各个年龄阶段孩子科学严谨并能够持续四十年之久的研究。这套书能够弥补我们的缺陷，给我们的研究和父母养育孩子提供非常大的帮助。

虽然东西方存在着文化上的差异，但是，在人类这个物种成长和发展的规律上，存在的差异不会太大。比如，无论是西方还是东方，孩子们都需要在妈妈肚子里怀胎十月才出生，一出生就能够吸吮，出牙的年龄都在 4~6 个月，都会在一岁左右走路，都能够解读成人的表情，都会在同一个年龄阶段出现相应的敏感期……无论是东方还是西方的父母，都希望在了解孩子发展规律的基础上来帮助孩子成长，都希望孩子具备善良、有责任感和自律等优秀的人格品质，都需要具备帮助孩子建构健康人格的能力，由此，我相信这套书能够帮助到中国的父母们。

假如，在我的孩子刚出生时，我就能够看到这套书，我就有信心做一个好妈妈。因为，我会了解孩子在当下的生命发展过程中会出现怎样的行为，我该给予孩子怎样的帮助，才能让他顺利地完成这个阶段的发展任务；同时，我还会预见孩子在未来每一个年龄阶段生命发展的方向，我会提前做好相应的心理和物质准备。虽然，对于我来说这一切都只能成为一个“假如”，但对于孩子在成长阶段的读者来说，这是真实可行的！

胡萍

2012 年 4 月 26 日于深圳

编者注：胡萍，中国儿童性教育的先驱。2001 年开始研究儿童性健康教育和儿童性心理发展。2004 年开始在全国 50 多个城市开展性健康教育父母课程，并多次与中央电视台、新浪网等合作录制儿童性健康教育节目，其代表作有《善解童贞》《成长与性》《儿童性教育教师用书》等。

名家推荐序（二）

在这里寻找答案

“教育是一门科学，不能仅凭经验。”这是我回国后一直倡导的教育价值观。

2002 年，我从德国慕尼黑大学毕业后回到国内开始从事教育工作，将近十年的工作中，我感到最大的困扰就是父母宁愿相信经验，而不求证于科学；父母宁愿拿自己的孩子和周围孩子相比，也没有办法用科学的方式评价自己孩子成长得是否合适。

印象最深的是每次都有父母非常焦虑孩子的正常现象。比如说“多动”。在他们的眼中，如果一个四五岁的孩子无法专心做事 30 分钟就是多动症，就需要看病吃药，就会导致学业问题。每次当我耐心地向他们解答每个年龄段不同的正常现象，持续多长时间就是在正常范围内时才能减轻他们的担心。比如父母们不明白为什么三四岁的孩子喜欢拿着东西就往地上扔，喜欢强调“我”。

只有当父母知道什么是“正常”，才能真正理解孩子的行为，也才能给予正确的引导。

所以，我特别希望有一套介绍个体发展基本规律的书籍，帮助父母认识到个体发展规律，帮助他们判断孩子行为的“正常”和理解孩子行为背后的原因。

相比较个人发展和心理认知专业书籍的晦涩，《你的 N 岁孩子》系列更加生动，语言容易理解。在这套书中，读者看到的是一群同年龄的孩子，他们的生活跃然纸上。在这里，你一定会找到自己家里的那个宝贝，也能更加走进他们的内心。

兰海

编者注：兰海，上海教育机构创始人，毕业于德国慕尼黑大学教育心理学专业。研究方向：创造力发展、青少年成长、教育规划、亲子关系。兰海先后在慕尼黑大学获得心理学、教育学和社会学三个学位，在九年的教育实践工作中，对国际、国内的教育状况有非常深入的了解和研究。目前，兰海是中央电视台少儿频道《成长在线》栏目特邀专家，《父母世界》杂志特邀专家。著有《嘿，我知道你》《孩子需要什么》等书。2009 年，《中国教育报》专题人物报道：《教育是科学，不能仅凭经验》；2011 年 4 月，CCTV10《人物》栏目专访：《带孩子寻找快乐的老师——兰海》。

名家推荐序（三）

在帮助孩子的同时懂得孩子

我要郑重地向所有的家长推荐这套书，因为这是迄今为止我看到的对家长育儿最有帮助的书；我也要郑重地向老师们推荐这本书，因为有了这本书，忙碌的老师们就再也不用为发展心理学中那些生涩的字词而头痛了。妈妈和老师不想成为理论研究者，他们只想在帮助孩子的同时懂得孩子。他们只想知道一个两岁的孩子眼皮都不抬地乱扔东西是否正常；他们只想知道当孩子乱扔东西时，他们该怎样帮助孩子。

当有一本书说“孩子感知运动时期第八循环第一阶段，其生物功能如何被环境改变，这一改变来自怎样的图示过程”时，家长和老师们真的就被吓住了，他们会带着可怜的、自信心受到打击的神情对你说：“我学不会，我不懂，我做不到。”

假设你是那个作者，当一个老师或一个家长这样对你说时，你会绝望吗？你会觉得他们不适合做父母和老师吗？这时，请你看看这套书，看看它是用怎样的关怀向想要了解孩子的人讲述孩子，又是用怎样朴实贴切的招数在帮助它的读者。看了这套书，你会知道，这套书是有鲜活灵魂的；当你面对它时，你会自然轻松地用心灵与它沟通。

我要说，朋友们，请打开这套书吧，不管你是妈妈还是爸爸，不管你是老师还是教育家，请打开这套书吧！

李跃儿

编者注：李跃儿，中国著名儿童教育专家，中国芭学园创始人，曾为《父母》杂志教育答疑专家、央视少儿频道签约专家。畅销书《谁拿走了孩子的幸福》系列的作者。2004 年荣获第三届中国国际家庭教育论坛“华表奖”和“形象大使”称号。2006 年荣获“2006 年中国幼儿教育百优十杰”（第一名）称号。2009 年荣获“2009 年中国民办幼儿教育十大杰出人物”称号。2012 年荣获“中国教育行业木兰奖”。

编者序

特别科学，特别爱

回想一下你的孩子出生时的场景，你痛苦而忐忑地躺在手术台上，将自己和尚未谋面的孩子托付给医生。这时，如果医生走过来对你说："对于接生，我实在没有受过什么训练，但我很爱我的病人，我会用常识为你接生的。"你听了这些会做何感想？恐怕会焦虑至极、惊恐不安，马上要求换一个医生吧？

你的孩子和你处在同样的境地，如果你也像很多父母一样，认为爱和常识就足以教育好子女的话。你的孩子，尤其是学龄前孩子，将自己的生活和未来完全托付给作为父母的你，他们需要的，不仅仅是爱和常识，而是像医生一样的专业以及能够成为一个好爸爸、好妈妈的特别技能。

怎样才能拥有或者培养出这样的专业和特别技能呢？

了解你的孩子恐怕是身为父母的你要做的第一步。为了了解孩子，了解他每一步的成长，美国格塞尔人类发展研究所在耶鲁大学对数以千计的孩子进行了观察和研究。他们不仅观察孩子们每年的身心发展特质、观察他们的心智等各方面能力和人际关系表现，也总结他们这一阶段的成长规律。同时，他们还列举了很多同一年龄阶段孩子的典型表现供父母们参考。他们将所有这些都收录进了他们的研究成果——《你的 N 岁孩子》系列图书中。就像作者在序言里面所说的一样，这套书为父母提供了一张儿童发展的地图，所以，想了解孩子的父母们有福了！

但了解并不等于专业，在了解的基础上有技巧地应对才是专业好爸爸、好妈妈的作为。身为父母的你可以将这套书作为参考，每本书都为你提供了和不同年龄阶段孩子相处的技巧，提供了教养建议并为父母头疼的问题提供解决方案，这些都是专家四十多年研究的成果，相信对你会有很大的帮助。

除此以外，你还可以从这套书中取得别的书所不能给你的最难得营养——在建立完美的亲子关系的过程中找到快乐的自己：

你会在孩子遇到困难麻烦的时候想到这不是你孩子的个别行为，而是这个年龄阶段孩子的暂时现象，你不会因此而惴惴不安；

你会在孩子发展异常甚至出现倒退的时候知道这是孩子成长的螺旋规律，需要适时调整自己的教养方法，你不会为此而焦躁难眠；

你不会过早地随大流把自己的孩子送进亲子班，因为你会知道一岁半前孩子的发展和猩猩没有区别，你将节约时间和金钱；

你也不会因为把终日和自己对着干的三岁孩子交给保姆或长辈而自责，你会知道这也是和这个阶段孩子相处的技巧，你将收获心灵的踏实和快乐；

…………

正因为上述所有特点，这套书一经面世便受到了全世界家长的欢迎。中文繁体版由信谊基金出版后在台湾地区持续畅销，内地千万妈妈也翘首以盼，甚至引来了盗名出版。而今，经过北京紫图图书有限公司长期的版权洽谈，这套书的唯一简体版终于得以和中国妈妈们见面！

为了将这套风行全球的阶梯教养圣经更好地呈现给所有读者，我们对原文进行了精心编辑和制作，根据阅读的需要加入了小标题和检索表，希望能让你的阅读更加畅快。你选择的是紫图旗下少儿及家教品牌——奇迹童书为你精心制作的图书，相信它会给你带来帮助。我们衷心祝愿：你和你的孩子拥有更美好的成长经历！

编者谨识

2013 年 3 月

两岁孩子能力发展及教养简表

	两岁到两岁半	两岁半到三岁
整体特质	温和、懂事	固执、蛮横
动作、语言等能力	◇控制身体的能力大大增强 ◇不管是使用手臂还是腿，都喜欢左右同时行动 ◇精细动作的能力提高，如写画、一页一页地翻书 ◇喜欢把动过的东西恢复原位 ◇眼睛的运转趋于稳定，如果两个眼珠向内集中，一定要去医院检查 ◇对远处的物体感兴趣 ◇对音乐感兴趣	◇情绪容易紧张且紧张时会咬手指头、结巴 ◇精细动作的能力有很大提高，双手可以不再同时行动，串珠子效率提高 ◇喜欢角色扮演和拆分拼装的游戏 ◇学会用简短句式

（续表）

	两岁到两岁半	两岁半到三岁
心智能力	◇只关注现在，但先后次序观念初步萌芽 ◇除非特殊训练，对数字的概念不超过“二”	◇有次序感、空间感，对距离产生兴趣 ◇讲故事没有逻辑性，引导他给你讲故事可以培养他的想象力
	如果孩子出生后心智正常，只需要为他提供丰富的玩具、小儿书和喜欢玩的东西，并每天抽出时间关爱和照顾他，孩子的心智就会正常发展	
人际关系	孩子们在一起玩时几乎彼此不沟通，友善	总是和大人（尤其是妈妈）对着干
睡眠习惯	上床后不安分，要在睡前做好预防措施	午睡时间最好控制在两个小时之内
饮食习惯	不好好吃饭，喜欢动手抓，可以选择少食多餐	防止挑食的重要时期，给孩子的食物除了要营养均衡还要注意美味
大小便训练	可以开始训练孩子用马桶椅	准备牢固的小凳子放在马桶前，有助于训练孩子自己用马桶

（续表）

	两岁到两岁半	两岁半到三岁
洗澡穿衣	◇喜欢颜色漂亮、完整的食物 ◇喜欢自己洗澡 ◇脱衣服比穿衣服熟练 ◇睡觉前要留一段时间和孩子亲密 ◇喜欢午睡，在午睡刚醒时制造声响，直到他清醒时再去和他接触	◇进行饮食教育为时过早，可以为他准备一些点心 ◇偏爱自己的服饰，特别是帽子和手套，在陌生环境甚至不愿意脱掉 ◇为孩子制定详细的睡觉规矩，如和家里每个人亲亲道晚安

	两岁	两岁三个月	两岁半	两岁九个月
与孩子相处的技巧	◇为让你头疼的事情约定好规矩，并长期坚持 ◇和孩子玩时多准备一些玩具 ◇接受孩子追求“一致”，如将玩具摆在同一个地方 ◇接受并允许他有寄托物，如一直抱着玩具等，这是他安全感的来源；不要在未经允许的情况下拿走他的寄托物		◇尽量不要创造他可以直接给出否定回答的机会。例如，与其说：“现在要吃饭吗？”不如说：“吃饭的时间到了。” ◇可以送孩子到托儿所照顾或者请人代看 ◇情况紧急或者相当重要的情形，不宜让孩子做出选择	

（续表）

	两岁	两岁三个月	两岁半	两岁九个月
与孩子相处的技巧	◇收好不能让他拿到的重要物品 ◇在孩子情绪低落时放音乐 ◇告诉孩子事情的详细过程有助于孩子按部就班完成 ◇如果要打破常规，请提前打好“预防针” ◇家里少放甜食		◇当孩子不想做我们让他做的事情时，用谈话吸引孩子的注意力 ◇家长多问“为什么”可以帮他增长知识 ◇转移注意点或带孩子离开 ◇给出选项让孩子自己选择（适用于简单场合，且你可以将想要孩子选的选项放在后面一个） ◇可以恰当地为孩子安排电视节目 ◇培养幽默感的最佳时期，要拓展孩子兴趣，增添幽默情境	

“乖乖的两岁”和“可怕的两岁”——两岁孩子的性情转变

两岁孩子的生活技能、运动技能和语言能力等已经有了明显提高，情绪也比较稳定，显得温和而友善，和他们相处显得比一岁半容易多了。但“可怕的两岁”这个词又是怎么来的呢？父母在这个阶段又有些什么要注意的呢？本章将告诉你答案。

本阶段孩子的主要表现

当孩子长到两岁时，已经大不同于他在一岁半到一岁九个月大那个样子了。孩子一岁半的样子，我们在前面已经为你详细描述过了，那时的他做什么事都有自己的一套，完全不理会你的想法，实在是让你伤透了脑筋。有一位母亲曾经深有体会地说：“你千万别以为一岁半的孩子什么都不懂，他可不是一台只需要你输入程序的电脑。恰恰相反，他天天和你唱反调，让你头疼不已。”

在别人看来，可能一岁半的孩子真的没什么难照顾的，然而，对于那些经历过这个阶段的家长朋友们来说，实际情况却并不是那样。稚嫩而又充满活力的一岁半孩子总显得有些力不从心。当他们想要高高挺立着的时候，却总会跌倒；当他们想要抓住某样东西的时候，却总会落空；当他们想要表达自己的时候，却总是找不到合适的语言。

不管他们怎样努力，生活就是无法让他们称心如意。这就导致他们经常大发脾气，不仅对自己感到气愤，也对周围的人感到气愤。

不过，等到孩子两岁时，情况就会得到极大的改善。他们身边的所有人都可以长长舒一口气了。

两岁孩子的典型特点是个性温和友善，和他相处起来也变得容易多了，很重要的一个原因就是，他们的生活技能和几个月前比较起来，有了很明显的提高。

如今，他们的运动技能提高得非常明显，不论是大肌肉动作，如走、跑、跳、爬，还是精细动作，如系扣子、系鞋带等，都获得了很大的发展。

他们的语言能力也有明显进步。他们变得很会说话了，不会像之前一样说一句要想半天，甚至半天也说不上来一句。同时，这个阶段的他们是无忧无虑的，没有了那么多要求，不会整天追着你要这要那的。

这时候的他们，在情绪情感方面，也变得比较平静、稳定。先前那种喜怒无常，阴晴不定，且一发作起来程度又十分强烈的情况，一般不会出现在他们身上了。他是个快乐的人，在他身边也有一群快乐的小伙伴。

要是在几个月前，你想让孩子在你怀里安静地待上一会儿，简直比登天还难。他不是不停地挣扎，让你不得不放手，就是把身体绷直，然后从你怀里滑下来。而这时，你要再抱他，他就会很配合了，他会乖乖地蜷缩在你的怀里，安静地听你讲话，或是和你对话。

此时，你和他相处得十分融洽。仅仅几个月的时间，从前那个让你一天到晚头疼不已的淘气鬼，已经消失得无影无踪了。

在孩子学前阶段，你一共要经历两个十分头疼的阶段，一个是在孩子一岁半到一岁九个月这段时间，另一个是在孩子两岁半时。但介乎两者之间的两岁，却是父母们一个难得的喘息机会。

为人父母的你，也许不觉得有求助他人的必要，因为和这个小可爱一起生活似乎是件容易的事。但是也请你记住，在孩子成长的任何一个阶段，若是十分平静、十分令人满意的话，你一定要紧紧地把握住了，因为通常这段时期都只是昙花一现，而接下来则极有可能是很不顺心的阶段。

以前你也许听说过“可怕的两岁”这种说法，现在你应该对它有了一个比较清醒的认识了吧？因为两岁的孩子并没有什么可怕的，相反，还有些温文可亲，十分讨人喜欢，也许叫作“乖乖的两岁”才比较恰当。但是“可怕的两岁”这种说法又是怎么来的呢？这是因为，在孩子从两岁迈向三岁的后半段，也就是两岁半以后，孩子的性情又会经历一次很大的波动。

孩子的整个成长过程好像总是不能一帆风顺，刚刚经历了一段平稳时期，马上又要经历一段波动时期。

这种情形被称作“成长的交织”（见图一）。这种稳定

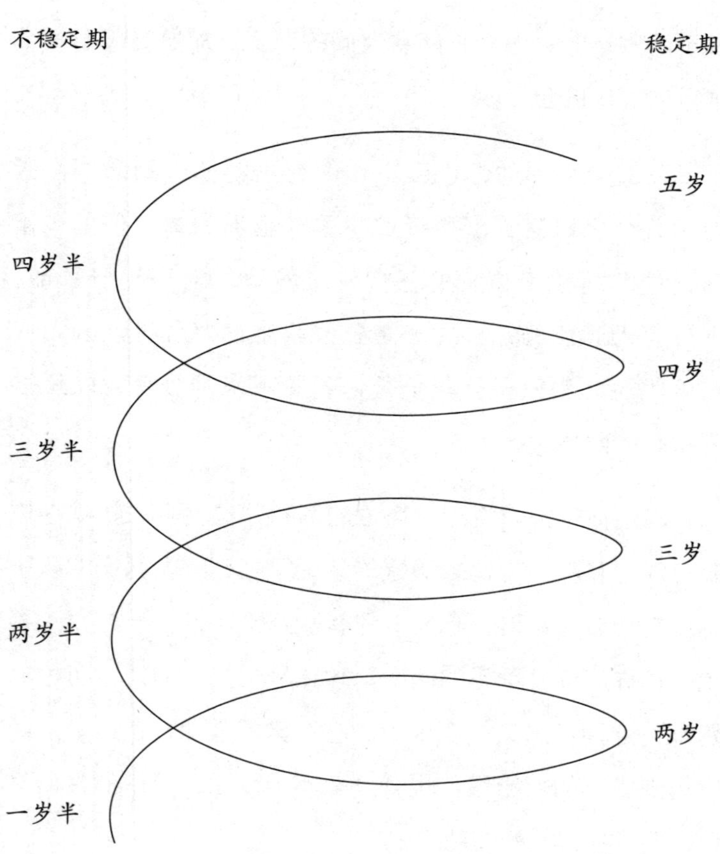

图一　稳定期与不稳定期交替出现

与波动的交替出现必然会使孩子的成长过程呈现出一种好坏交织、螺旋上升的局面。孩子要实现发展必然会对现在这个稳定的状态进行突破，突破的过程必然又是一种不稳定的状态，而完成突破、获得发展之后，必然又会来到下一个较高层次、较成熟的稳定状态。就这样，稳定、突破，再稳定、再突破，一轮一轮地进行着。但是，这种局面不会一直进行下云，请别担心，总有一天，孩子会达到最终的稳定状态。

1. 给父母的提醒

在这里，我们为你叙述了一个典型的两岁到两岁半之间的孩子的行为表现。但是，还请你注意，如果你的孩子发展得比这个典型的时间表超前或落后，那并不说明他有什么问题，而只是存在着个体差异。因为每个孩子的独特性也会体现在他的发展时间表上。换句话说，你的孩子在与其他孩子存在共同之处以外，还有你常常引以为豪的不同之处。这些不同之处就使得他在行为表现方面，和同龄的孩子存在着不同程度的差异。

❖ 同龄孩子间的性格差异可能与孩子的人格特质有关

这个年龄因素之外的复杂原因还可能与孩子的人格特质有关。举例来说，一个强硬的小男孩和一个平和温顺的小女孩同样从两岁长到两岁半时，他们的表现是不一样的，小男孩可能强硬程度更深，小女孩可能只是暂时不好对付一点。

❖ 你做对了，孩子才会做得对

另外，你对孩子的"处理态度"也是一个重要的变量。采取硬碰硬的方式来处理，你两岁半的孩子可能就会更不肯合作，甚至处处与你作对。但是采用温和的方式来处理，情况可能就会好许多，孩子也许就会做出一些让步，你们相处起来也就比较容易了。

但是，如果"可怕的两岁半"迟迟没有在你的孩子身上出现，甚至到了三岁时，他仍旧是一副温和柔顺的样子，那么千万别慌张，而且我们还要恭喜你了，因为这一关你们已经安然渡过了。这其中的原因可能是他天生性格好，再加上你优秀的处理方式，使他平稳地渡过了这个难关。

但是，如果他还有个弟弟或是妹妹的话，你可千万别奢望他们也能够和他一样平稳地渡过这一关，还是小心为妙，继续运用你那优异的处理方式。

但是如果你一想到两岁半的孩子就心生畏惧，只想到那些令人头疼的问题，就大错特错了。因为即使到了两岁半的时候，孩子依然是个孩子，那些小孩具有的可爱、童稚的一面还是会存在于他们身上，你依然可以从中获得许多乐趣。

❖ 你在他们心中的地位不会改变

两岁半的孩子纵然对你有千般不从、万般不顺，但你在他们心中的地位是不会改变的，他们依然相信你是天底下最好的爸爸或者妈妈，而不会像到了青春期那样，不断地挑战你的权威。

以上，我们说了非常多的观察征兆以及应对技巧，希望可以对你有所帮助，能够让你在陪伴孩子成长的过程中，懂得珍惜和欣赏对方，从而使双方都获得最大的好处。

好奇与执拗——

两岁孩子的身心发展特质

在很多父母看来，两岁的孩子是最讨人喜欢的，也是最好照顾的。他们不再像一岁半时那么盲目、莽撞、冲动，一刻也坐不住，也不会再只以自我为中心、不管他人，需要你追着他到处跑。你不用再时刻跟在他身边保护他了，也不用再担心他一不小心就摔倒，真的是这样吗？

1. 两岁的孩子变得懂事、温和

相比一岁九个月大的时候，他已经有了很大的进步。现在，他能自己保护自己，不会再因为害怕而放弃做什么事情。遇到挫折时，即使没有父母的鼓励，他也能很快恢复信心。在父母悉心的照顾和关注下，他不断地长大，并逐渐变得懂事、温和起来。渐渐地，他能比较独立地生活，不需要你处处帮助他了。在这诸多的变化中，最重要也是最令人欣喜的是，他对父母的爱开始变得很深很深，在跟别人说到父母时，他会用“我妈妈”“我爸爸”取代原来的“妈妈”“爸爸”。

❖ 情绪稳定、快乐自足

关于情绪方面，两岁的孩子很多时候是快乐自足的。他常怀愉悦之心，没有其他年纪时那样情绪易变、忽晴忽阴。**他开始借助一些语言或亲密的动作，来表达对你的爱。**这时候，你们之间的关系是单纯的付出和收获。现在，他会愉快地和自己相处，说到自己时，开始称呼自己的名字，尤其是有什么需求的时候，比如他会说“强强要吃饼干”“莉莉想出去”。**他会把自己想要的表达出来，并且还希望那些东西永远都是自己的。**因此，你常会听到他反复地强调说“这是我的”（他们必须先知道“我的”，才会明白“你的”）。

在一家之中，他是个总能逗大家高兴的开心果。两岁的他行动变得利索了，走起路来像模像样，在屋子里转来转去，有的时候还会小跑呢。他很乐意帮助大人做事，最喜欢的莫过于在爸爸下班回来时把拖鞋拿给他了。对于出去散步，他总是很有兴致，当然，他也很高兴“又回家了”。

❖ 喜欢观察和探究身边的世界

他很喜欢观察身边的世界，对周围的变化更是记得很清楚，因此，他很乐意把动过的东西恢复原位，尤其是摆弄些瓶瓶罐罐。在你做各种家务的时候，他总是喜欢追着你看，诸如扫地、铺被子、洗衣服、叠衣服等。他在看着你做的时候总是跃跃欲试，还时不时给你帮帮小忙。他觉得用自己的“工具”和妈妈一起干活，是件无比快乐和光荣的事情。

他有强烈的好奇心，几乎对所有的东西都感兴趣，不管是什么，他总想去摸一摸、亲自体验体验，不到玩腻了是不会罢休的。对待物品，他不仅是用手摸摸，而且还会拿鼻子闻闻、用嘴尝尝。所以，家里的药品和清洁剂等一定要放在他够不到的地方。现在，他在迅速地学习很多等待他学习的事情。

两岁的他虽然行动利索多了，但你还不能任由他在屋子里自由活动，因为他会把家里弄得很脏，不是把妈妈的护肤品挤到墙上，就是把杂志扔到厨房地上，搞得房间里乱七八糟，东西满天飞。这会儿，转动门把手开门对他来说一点儿也不难了，所以要把门把手安得高一些。要是他能自己出入洗手间，他就会自己解决大小便问题（没有受过如厕训练的孩子，通常仅一个星期就能学会，尤其是使用小马桶）。这个年纪的孩子最吸引他的游戏就是戏水了，他能安静地玩上好一会儿，为了使他能够到脸盆，你最好在面盆旁准备个小板凳。

他喜欢每天都有和昨天一样的事情发生，他很享受这种有规律的感觉。因此，你会经常听到他说“还要”。早上，他喜欢穿上衣服跑去浴室看妈妈刷牙；睡觉之前也会有一套固定的程序要完成，包括他喜欢的图画书，都要按他的要求顺序摆在一起。现在，他最喜欢的就是看图识物了。就算是吃东西，他也愿意重复，所以，大人要限制他别吃太多。他很乐意自己吃饭，拣自己喜欢的东西吃，不过，饭菜经常吃得满身都是。这时候，你通常会希望他能好好吃上一顿正餐。

这就是两岁孩子，他们爱探索、爱研究，对这个世界充满好奇。

2. 两岁半到三岁之间的极端期

两岁的孩子是那么的温顺，那时你们的生活是多么美好愉快啊。因此，当他到了两岁半变得暴躁、倔强、情绪波动大时，许多父母一时难以适应。很多小男孩、小女孩两岁的时候都是简单、直接的，所以照顾起来也非常容易。但等到他两岁半时，你会发现照顾孩子是多么困难的一件事，尤其是他暴躁、愤怒、固执己见的时候。

❖ 他会违背自己的意愿，和自己对着干

这个阶段的孩子还有一个很重要的表现是，他做的事情会违背自己的意愿，走上相反的极端，比如说他明明想要

“红的”，却偏要选“蓝的”；本来想做某件事，当你问他他又说“不”。

我们前面说过一岁半的孩子喜欢违背你的意思，和你作对；那么现在，他长到两岁半时已经成熟到会和自己对着干了。就是在这样的两个极端下，**他不断地探索、发现这个世界。或许大人会觉得很恼火，但这却是他长大成人过程中不可或缺的一部分**。所以不要担心，过不了多长时间，他就会坚定地做出正确的选择了。

❖ 对一切都要求“一致”

两岁半的他，还有另一个明显的表现是，对一切都要求“一致”。任何一件事，不管是它发生的顺序、方式，还是地方，他都要其保持不变。家里的每件东西都必须放在他认为该放的地方，且固定不变。他也要求某件物品是谁的就是谁的，不能给别人。比如，家里有客人穿了妈妈的外套，他也许就不同意。现在的他虽然对“一致”格外看重，但对于“不一致”他也很乐于观察、研究。

这个年纪的他会给自己立一些“规矩”，来满足他对一致的需求，也好帮他在做选择时解决内心的冲突。在我们看来，这些规矩是那么有趣、奇怪。就连穿衣服，他都定了一套规矩，要是他认为该先穿衬衫再穿裤子，而你却把顺序弄反了，他可能马上就会发脾气。所以，如果你想帮他穿衣服的话，一定要先了解他的“规矩”。

他认为的“一致”概念也指路线的一成不变。不管是去幼儿园，还是去其他任何一个较为熟悉的地方，他都要走同样的路线。在这个时期的孩子看来，世界很大，也很复杂，走同样的路能增强他的信心，并带给他安全感。

此外，在安排时间上也要做到一致，这样他才会安心。比如一直都是爸爸回家后一家人才吃晚饭，如果有一天爸爸有事很晚才回来，即使到了吃饭的时间，他也会觉得不该开饭，因为“爸爸还没回来”。他的时间观念并不是按时钟来的，而是以事件作为标准。

说到爸爸回家，有些两岁半的孩子可称得上是极端“一致”。如果爸爸进屋时走的不是往常走的那道门，他就会感到很困惑。曾经有一个两岁半的小男孩说：“从前门进来的是一个爸爸，从后门进来的是另一个爸爸。”

等他快长到三岁时，他的内心就比较安定了。他开始接受环境和事物的变化，尝试新鲜事物，不再用苛求“一致”的方法使自己感到安全了。可是现在不行，他还是要求一切都保持一成不变的样子，以此来安定自己的内心。

❖“做选择”是件异常艰难的事情

两岁半的孩子觉得“做选择”是件异常艰难的事情。这时的他常常认为都可以又都不可以，他经常是痛下决心做出了选择，但很快就会反悔。所以，你要是带他购物的话，很可能在选择动物饼干还是数字饼干上，他就会使你兴致全无。因此，你最好还是让他待在家里，这样他就不用“痛苦选择”了。

这个年纪的孩子会经常和父母发生冲突，或许偶尔请其他人代看一下也是个不错的选择。当然，不一定要花钱请保姆。有些父母就相互帮助照顾一会儿（一两个小时）对方的孩子。有些父母甚至还组成小组，例如五个都有小孩的家庭，每一家的父母就依次到另一家去照顾这家的孩子，每星期两三次，每次一两个小时。如果附近住着孩子的爷爷奶奶、姥姥姥爷、姑姑、阿姨之类的亲戚，那就更好了。另外，把他送去托儿所也是个好办法，有些两岁半的孩子还需要妈妈在那里陪着他，才会乖乖听话。不过，他们中的大部分已经不用人陪了。

❖ 固执、不听话，其实是为了获取安全感

两岁半的孩子就是固执、蛮横、不听话的代名词，大人们常管他们叫“调皮鬼”“小霸王”等。但是，你要明白，他是因为不确定一些事情才霸道、不讲理的。对他来说，世界那么大，那么复杂，要是有一小部分（他的父母的世界）他能做主，他就会有安全感。

这个年龄的孩子情绪紧张的时候，经常会有些夸张的行为表现。比如，他会咬吸自己的手指头，有时会说话结巴（特别是话多的孩子），有时遇到一点小事他就会大发雷霆。那个两岁时听话、懂事的小可爱，现在变成了一个小暴君、小魔头。

要是他在语言方面不断长进，他很快就会发现并使用“我”这个代名词，所以，你会经常听他说“我会”“我要”。另一方面，他也会经常把“不要”挂在嘴边。假如你无意中问了一个问题能用否定来回答，他就一定不会放过说“不要”的机会。因此，**和他对话时，为了安全起见，你要使用完全肯定的叙述句**，比如“该做……了”“你一定要……”，说这种话时，他就不能马上说“不要”了。

❖ 两岁孩子的顽固、多变是成长的必经阶段

在他长大的过程中，现在的他很明显还不懂得“中庸”。他行为极端，刚才还大方活泼，现在就变得害羞寡言了。他明明自己能完成一件事情，却偏偏要你帮忙；等到你要帮助他的时候，他又非要自己做。刚开始，他还吵着非要吃一样东西，没一会儿，就又不想吃了。妈妈忙的时候，他非要妈妈喂才肯吃，等妈妈闲下来他又非要自己动手。他会抢别的小朋友手里的东西，要是真有了，却又不稀罕了，好像别人手里的糖比自己手里的甜。他这一刻还在不停地跑来跑去，下一刻又打死也不动了。

他也会拿爸爸来和妈妈对抗。妈妈做得好好的，他硬要换爸爸做。爸爸做了，他又说“妈妈来”，常常令父母感到头疼。事实上，他就是这样，谁不能马上来做这件事情，他却偏偏要谁来做，他才不管三七二十一呢。可是，当大家都能来做的时候，他就又要求“我自己做”了（不过，要是真遇到麻烦，他一般会找妈妈）。

不要抱怨两岁半的孩子不好看管。他虽然顽固、多变，但大部分的时间总是令我们很开心。他经常会独霸每件玩具，不愿意和其他的小朋友分享，这种行为是他成长的过程

中必然会发生的，无关自私或顽皮。你要正确对待，用你的方式教导他学会与人分享。比如，他每晚睡觉前都会说“讲一次，再讲一次嘛”，要求你把一个故事讲好几遍，这时你就可以帮他学习“和别人商量”，他需要接受些“限制”，这样你们会玩得更好。

❖ 家长多用“为什么”可以让他增长知识

要是你每说一句话，他就追着你问一连串的“为什么”，那么你就可以把他引领进另一个新境界。“为什么”不只是用来反抗的词，更是增长知识的途径。

在他眼里，每件事都那么新奇，所以，要常带他去看新鲜的事物，讲新鲜事给他听，和他一起感受不一样的情趣。看他是如何施展技法得到他想要的东西，更是很有乐趣的一件事。比如，你不让他老看电视，如果有客人在的话，他就会问：“阿姨，你想看电视吗？”要是阿姨说“想”，他马上就会跟爸爸妈妈说“阿姨想看电视”。事实上，两岁半的孩子比我们想象中要聪明得多。而且，他掌握的字词在不断增加，对所有事物都有浓厚、强烈的兴趣，让你一时半会儿都弄不清他到底在想什么。

如果事情发展顺畅的话，他会充满爱和感激之心。这时候，有他在身边陪伴，总会有让你意想不到的惊喜出现。

❖ 情绪很紧张

两岁半的他总是表现得情绪很紧张，要不就是常常提出过多的“要求”，但是经过一番折腾，他马上就会进入疲惫期。所以，快三岁的孩子很容易喊累，也很容易犯困。他跟着你的时候，总会抱怨说他累了，要你抱着他。出门的时候，你怎么劝他都不坐婴儿车，到最后，你可能得抱着重重的小家伙回家，而且说不定他早就趴在你肩膀上睡着了呢。

通常情况下，他累了就会跟你嗲声撒娇。有时候，两岁半的他觉得自己像个小孩子，而且就要做得像一个小孩子。因为他认为这样才会得到大人更多的关注和关爱。曾经就有一个小女孩说：“我就是小孩子，虽然我会说话，但你要抱着我，用奶瓶喂我吃奶。”这个年纪的他不仅学小孩子的样子，而且还爱缠着你给他讲他婴儿时期的故事。一直到他快三岁的时候，他都很乐意听你讲，并且会要求你给他讲他以前穿什么、吃什么、是不是爱哭、你怎样哄他睡觉，等等。当然，**要是你说“你是世界上最乖的孩子”，他就会非常高兴。**

这个年龄的小男孩、小女孩，很喜欢小时候的自己，他常常动不动就不高兴了。碰到你约束他身体的活动，他一概不愿意接受，特别是你不让他做的时候，他就会生气、难过。他自己办的事或做出来的东西，要是不如他预想的好，他就会很沮丧，并且怨恨自己。

玩游戏的时候，你要是叫他吃、喝、拉、撒、睡，或是要求他回家，他就会觉得受了挫折。同时，因为两岁半的小孩子都和他一样，不愿意和小伙伴分享自己的东西，不愿意和别人合作玩游戏，互相抢夺玩具的事情常常会发生，所以，他和小伙伴一起玩儿的时候，也是最容易产生挫折感的时候。

即使你在照顾他时费尽心思，两岁半的孩子仍然会觉得“生活”中有那么多的挫折，所以，他经常发发小脾气、使使小性子，这些也都在情理之中。

以自我为中心——两岁孩子的人际关系

孩子到了两岁后，开始喜欢与别的小朋友在一起玩。但奇怪的是，他们之间并没有多少深入的接触和交流。许多父母对此都有疑虑：孩子的这种相处方式，到底有没有意义呢？答案是肯定的。不要拘泥于他们“没有接触和交流”这点，因为这并不代表他们不喜欢与对方在一起，事实上他们在相处的过程中会收获很多。

1. 两岁：基本不会注意其他人

如果注意观察的话，你会发现两岁的孩子在一起玩儿的时候，竟然都是那么的安静，就像是根本没有在一起玩儿一样，即便是有什么活动，他们的节奏也非常缓慢。

❖ 孩子们彼此之间并不做实际交流

在两岁这个年龄段，孩子的社会特征是“平行游戏”。几个孩子在一起玩儿时，起初会在房间里不同的地方玩儿，过一会儿后，便会自发地聚到一起，也许只有两个，也许会有三个或更多，但他们之间并没有沟通交流，只是在一起各玩各的游戏。

他们会在同一张桌子上画各自的画，会蹲在地上玩儿各自的泥巴，会在沙坑里拿各自的铲子玩沙土。他们会在相同的地方做相同的事情，但彼此之间并不做实际的交流和接触。

在玩儿的过程中，孩子还是会注意到其他小朋友，甚至会相互注视对方。用不了多久，他们便会朝对方露出微笑。如果能在一起接触几天，他们之间便会有言语上的沟通。这种“沟通”或许只是简单地重复对方的名字：“壮壮、壮壮……”又或许就是简单地打声招呼：“嗨。”**孩子的语言虽然简单，但都有其用意，有时是想让别人注意到他，有时就是抱怨一下。**比如当一个小女孩被人拉了头发，她就会说：“疼。”但孩子们表达最多的话是用来表明其所有权的，他们常会说：“这是我的。”这是孩子对属于自己东西的一种天然的保护意识，他不想别人来碰自己的东西。

两岁的孩子除了自己想要的东西之外，基本不会注意其他人。但当他们遇到感兴趣的活动时，便会步调一致地去参加，他们会一起去动物园看天竺鼠、一块玩泥巴或听“小喇叭”的故事。但基本上每次都是蜂拥而来，玩得尽兴之后便四散而去。

❖ 打架只是沟通方式的表现

两岁的孩子参与社会的程度基本到此为止了，作为父母和老师，一定要认识并接受这一事实，这是非常重要的。此外，这个时期的孩子会对彼此的身体非常好奇，他们会经常进行身体上的接触，这是非常自然的现象。对他们来说，“打”并不代表他不喜欢或生气，而是他能够掌握或使用得最好的一种沟通方式。比如，他会因为喜欢或好奇而摸摸其他孩子的头发，跟着也许会去拽一下，试一下是什么感觉的，这就是一种沟通的方式。

所以当你看到他为了一样东西又跑又叫，甚至把别的孩子推开去抢他的东西，或是把别的孩子压到身下去抢他的玩具时，不要有什么好担心的，这些行为都再正常不过了。

而对于被抢的一方，他或许会把自己的东西抢回来，或许会哭着去找大人帮忙，又或许干脆就放弃了。正是因为有一方孩子容易放弃，所以他们跟两岁半的孩子为了争夺东西各不相让不同。更有意思的是，小男孩会为了玩具跟别的男孩争个不停，但却会轻易地把玩具送给小女孩，这是非常有趣的现象。孩子长到两岁半左右时，在攻击性上的差距已经逐渐缩小，到那时为争夺东西而打架的情况就会经常发生了。

在这个阶段，他们那些看上去像打架的行为事实上并不是在打架，孩子的出发点就是想把自己喜欢的东西拿到手。为了这个目的，就算是动手推打对方，他也会去做的。

虽然时常会有因某种东西而争夺甚至动手的事情发生，但两岁的孩子仍然非常喜欢跟其他孩子结伴玩耍，而且他们选择的是用缓慢而安静的方式在一起相处。他们会不由自主地对小伙伴产生兴趣，因此常常会去模仿他们的动作，虽然有时候看上去很笨拙，但的确很可爱。比如当一个孩子调皮地用棍子去击打皮球时，其他孩子也会跟着效仿；一个女孩给她心爱的洋娃娃洗澡时，别的女孩甚至是男孩也会学着做相同的动作。

❖ 相互间的关系变动很大，大人应为他们安排多种活动

两岁的孩子开始表现出非常不同的个性，在他们玩耍的时候，你猜不出来他们接下来要做什么动作，也无法判断他们和其他孩子是否会融洽地相处。

几个两岁的孩子在一起时，他们相互间的关系可能会变动得很快，他们很少会一直固定地跟某人玩或坚持玩某一种

游戏。

你那可爱的两岁儿子有时会和别的孩子一起玩泥巴、帮洋娃娃洗澡，有时会趴在桌子上画一会儿画，然后又玩一会儿汽车玩具，或者是在屋里到处乱跑，在椅子上跳上跳下，又或是跑到院子里去看小狗或小鸡。他有时候会缠住你不放，有时则可能会对你置若罔闻。有时他会很高兴地看着别的小朋友玩，有时则理都不理他们一下。有时他会不停地给你捣乱，有时则会安静地站在一旁，不给你添一点儿麻烦。

我们在为两岁的孩子安排活动时，应该多准备些好玩儿的玩具（最好是难度不高但有趣而简单的器材，比如装沙土的箱子或玩泥巴的工具等），多安排一些能让孩子们产生共同兴趣的游戏，便于他们自发地组成小团体，然后轻松自然地聚在一起玩儿游戏。到那时候，你根本不用教他们如何使用那些玩具，你除了负责保障他们的安全之外，就静静地坐在一旁欣赏他们的可爱之处吧。

这个年纪的孩子在与他人相处的过程中，很难表现得让你满意，尤其是当他不屑与其他孩子相处时，你千万不要失望和泄气。你要知道，**不论他的表现如何，只要经历了与其他小朋友在一起的过程，就一定会有所收获。**

两岁的孩子去哪里玩、玩什么，则需要父母去安排。如果父母喜欢户外活动，那就选择在离家不远的广场或健身场所去玩儿，在那里孩子会遇到许多小伙伴。如果可以选择的话，那么最好给孩子准备可以玩沙土的箱子、运沙土的玩具车和铲子；两岁的孩子还非常喜欢玩秋千，如果有秋千式的摇椅则最好不过了。当他和另外一个孩子并排地荡着秋千而露出开心的笑容时 你会感到非常的快乐！除此之外，高矮适中的攀爬游戏也很受孩子们的欢迎。

如果有条件的话，去一家设备齐全的幼儿园玩儿也很不错。那里有所有适合这个年龄段孩子玩的设备和设计好的游戏，并且可以兼顾室内、室外活动，孩子们非常喜欢这种地方。

2. 两岁半：最需要父母引导的时期

到两岁半以后，孩子会跟以前大不相同。他们相互之间的互动已经不再是“平行游戏”了。他们的实际接触会大大增多，但这种接触基本上还不是合作性质的，甚至有时候是出于自私的目的。

❖ 希望每件东西都完全归他所有

两岁半的孩子在与其他孩子相处过程中，有一条几乎是铁的定律，就是他对自己曾经玩过的、正在玩着的以及准备去玩的玩具有强烈的保护欲望，不允许任何人来分享。他的玩具就像是自己的生命一样，放弃对他来说是非常痛苦的事情，“我的”这两个字是他经常会用到的。

对这个年龄的孩子来讲，“东西”比“人”要重要得多。他几乎没有想要去取悦别人的意愿，因为他认为自己才是应该被取悦的人。他对同龄小朋友的兴趣比两岁时有所增加，但仍然不是很高。

由于天生的攻击性和对自己东西强烈的保护意识，**两岁半的孩子还不能与其他孩子产生“合作”的意识**，为了保证自己的东西不被别人碰到，维护自己对物品的“所有权”，他们经常会发生激烈的战斗，搞得父母们不得安宁。

两岁半的孩子希望每一件东西都完全归他所有，他的口头禅就是：“我”“我的”“我要”。除了捍卫自己的所有权之外，他还会想要其他孩子的东西，但哪有那么容易呢？对方同样到了会奋力保护自己东西的年龄了。

对这个年龄的孩子来说，“轮流”是件非常难以接受的事情。他在专注力和等待的耐心方面要比一岁半左右时好一些，但并没有太大的提高。

❖ 有很强的攻击性

这个年龄的孩子有很强的攻击性，不管是在做游戏还是与别的孩子交往中，他随时都有可能变得粗暴起来。有时候他是为了保护自己的东西，有时候却会令人感觉莫名其妙。他们经常会相互推打、大声喊叫。比如一个孩子会毫无理由地去推另外一个正在玩积木的孩子，然后把人家刚盖好的积木房子推倒……孩子会有意地去撞对方，在打闹的过程中毁坏东西是很平常的事情。有很多孩子主动攻击比被动还手要多，而有的孩子即使玩具被人抢走了也不会反抗。这时的孩子一般没有独立解决争端的能力，因此，如果你不在一旁照看的话，他们很快就会乱作一团。

两岁半的孩子在相处时会带有试探性和试验性，即使攻击对方，也经常是试验性的，因为他会对攻击对方的后果非常好奇。所以，他经常会在把东西抢到手后，观察对方的反应。

❖ 大人要多给孩子正确的引导，锻炼他们的社会能力

两岁半的孩子还没有适应别人要求的能力，大人要多给予他帮助和引导。比如当小强要玩自己孩子的电动车时，你

可以对小强说："让他先玩一下，然后再给你玩。"或是对自己孩子说："你先玩一下，然后给小强玩哦。"这样的话会对孩子起到很好的引导作用。当然，如果孩子们要玩的玩具不是很贵的话，不妨多准备一些给他们。

了解孩子这些特征之后，希望你们**不要简单地把孩子定义为"好孩子"或"坏孩子"，"听话的"或"不听话的"**等，要多主动地去给他们创造一些环境，给他们以正确的引导，使他们有条件发挥和使用尚且稚嫩而生涩的社交能力。要为他们安排一些可以共同玩耍的游戏，比如**跷跷板、装沙土、运沙土、配合起来画一幅画等，这些游戏对孩子社会行为能力的锻炼都非常有帮助。**

两岁半孩子对于"合作"的理解比之前有所深入，但整体上还处在以自我为中心的阶段，以自己为出发点的心态仍占主导地位。当他心态平和、没有所有权纠纷的时候，他心中会有些许与别的小朋友合作游戏的念头，但这只是个萌芽，他还没有把简单的想法付诸实施的能力，只会浅层次地去注意对方，试图感受或发掘将要一起游戏的方式和彼此相处的关系。他会想象出一些东西来，然后大喊着来吸引别人的注意，他会大声地说："谁想吃冰激凌啊，好吃的冰激凌哦！"或是说："看！这有个好吃的生日蛋糕！"（其实那只是想象当中的冰激凌或生日蛋糕罢了）。

在做相互追逐打闹这种简单的游戏时，“合作”对他们是没什么问题的，但稍微复杂些的游戏或交流就不行了。即使是当一个孩子主动跟另外的孩子打招呼，对方也很可能不做回应，他们之间最多的接触就是为了心爱的东西而争夺。这时候，喜欢独自一个人玩耍的孩子会比以前更注意观察别的孩子之间的交流。

孩子在接近两岁半的这段时间里，当他遇到感兴趣的玩具或器械时，即使没有大人引导，还是会自发地参与到游戏团体中去。这时的孩子不管是遇到他感兴趣的大人还是他喜欢的玩具，都会一拥而上，有些孩子对“大人”的兴趣甚至要高过玩具本身。当一个小男孩见到一个女孩拿着娃娃玩时，他可能会没有什么兴趣，但他如果看到小女孩拿着娃娃给大人看的话，说不定就会跑上前去凑个热闹。

上面所讲的是两岁半的孩子在这个阶段的正常表现。当你再看到一群两岁半的孩子聚在一起，却各玩各的游戏、与其他人毫无交流时，不要再觉得好奇，因为这是再正常不过的现象。

3. 兄弟姐妹：尽量不要让他单独与弟弟妹妹相处

当一个孩子并非独生子女时，在他的世界里，“其他的孩子”多数意义上就是自己的兄弟姐妹了。

孩子在两岁到两岁半这个时期，与亲兄弟姐妹相处起来不会有太大的困难，即使有困难，一般也不会是他们主动制造出来的。一般情况下，两岁左右的孩子都是家里最小的孩子，哥哥姐姐们都会发自内心地疼爱这个“小孩子”，父母也会经常教育大孩子，要好好地对待弟弟或妹妹。这些教育的内容会包括：不许打他、不许抢他的东西、要让着他等。一旦产生纠纷时，父母不会在乎什么原因，都会坚定地保护小孩子。

在很特殊的家庭里，两岁到两岁半的孩子会有一个弟弟或妹妹，这时他们的表现则会各不相同。

有的孩子会很友善地照顾和保护弟弟妹妹；有的孩子则会将弟弟或妹妹视为对自己的威胁，对他们充满忌妒乃至敌意，有些孩子甚至会对弟弟或妹妹做出粗鲁的动作。

当你发现两岁的孩子对弟弟或妹妹过于反感时，不要试图用沟通和交流来降低他的这种感觉。**因为两岁的孩子还不懂得做事的轻重，很可能会做出伤害小孩子的事情来。**你一定要做到时刻看护着他们，或者干脆把两个人分开。

因此，**不论两岁的孩子看上去如何温柔或友善，尽量不要让他单独跟弟弟或妹妹待在一起。**

尊重+引导——

与两岁孩子相处的技巧

本章所说的技巧有一种秘诀的意思，年轻的父母用这些专家提供的技巧可以更好地与两岁的孩子相处，帮助他在这一段时间健康成长。比如，接受孩子将玩具摆在同一个地方等，这些小技巧对于培养他一生的自我意识有很重要的作用。

1. 使生活愉快的十三个技巧

就一般情况而言，我们需要像“隐恶扬善”这样的技巧，但是，这不能成为我们在孩子身上少花心血的理由。平时我们可能自然而然地、毫无意识就会在孩子身上运用技巧，而且结果往往都不会让我们失望。可见，掌握一些与孩子相处的诀窍还是非常有益的，下面就介绍几个。

❖ 技巧一：约定规矩

一般情况下，孩子都倾向于按既定规矩行事，我们可以利用这一点，把每天让人头疼的事情定下一定的规矩，让他按照这一规矩做事。比如，要纠正孩子睡觉难的问题，就要提前约定好“入睡规矩”。

“入睡规矩”可以是这样的：孩子先脱衣服洗澡、洗脸、刷牙，然后换上舒服的睡衣，睡前先上厕所，然后上床躺好听大人讲故事（具体的故事内容也要提前定好），听完故事，与孩子互相拥抱、亲亲，然后关灯睡觉。

帮助孩子按部就班完成这样一套动作可能要花掉很长时间，尤其是在我们睡意袭来时，会更觉烦琐。但长期坚持下来，每到睡觉时间，孩子上床睡觉可就容易多了，再也不用每天定点催促了。

在这个过程当中，如果你想匆忙了事，最后只能适得其反。你越是缺乏耐心地想让这一过程加速，孩子反而会比平常更慢地进行每一个环节，就好像他看透了你的心思一样。因此，不要因为某件事情而加速完成定好的规矩，或者缩减其中某个环节，最好一心一意地去完成。假设这个过程不得不被打断（尽量避免这种情况），例如你要接听朋友的电话，就必须做好重新来过的准备，而不是从被打断的那个环节继续进行（洗澡这样的事情可以不必重复）。只有孩子中规中矩地实施将近一年以后，才可以对整套的规矩稍做修改。

这样看来，提前给孩子约定一套切实可行的行为规则

（不用太迁就和在意细节），并协助孩子长期坚持不懈，对我们和孩子都是明智的选择。

❖ 技巧二：接受孩子追求“一致”

接受并允许两岁的孩子在任何事情上都要求“一致”的行为，这一点很重要。由于这个年龄段的孩子倾向于“重复”和“一致”，在条件允许的情况下，尽量保持他的玩具及其他物件摆放在家里一个固定的、他非常熟悉的地方，并且要养成他自己摆放东西的习惯。甚至连每天什么时间进行什么活动，都要按照既定的习惯进行。当他们知道事情会怎么进行时，会觉得非常开心。

❖ 技巧三：接受并允许他有寄托物

两岁的孩子已经懂得寻求一定的安全感，他会把身边的一些东西作为安全感来源的寄托物（譬如他心爱的娃娃或汽车，或者是他的手指头等），你一定要接纳并允许他这样做，甚至要为他这样的行为感到高兴。如果你要带着孩子去旅行或者搬家到陌生的地方，这样的寄托物对于他来说就非常必要了。因为周围都是陌生的环境，只有一直伴随他的寄托物可以给他一点儿安全感，而此时，哪怕是一点点的安全感对他都是很大的鼓励。即便是平时的日子里，他也需要有一份小小的安全感伴随左右。

❖ 技巧四：收好不能让他拿到的重要物品

与更小的孩子一样，两岁的孩子仍然不具备行为控制力，因此要时刻记住把不能让他拿的重要物品收好（他自己还不能分辨一件物品是不是能拿）。例如，把贵重、易碎的物品放在他够不到的高处，或者用某些障碍物遮盖阻挡，让他不能拿到。这样做并不是要我们不去教导他，或者让他知难而退，而是教他了解“常识”。只有等他长到足够大，有了行为控制力时，必要的“引导”对他才是行之有效的。

❖ 技巧五：对孩子的指令要留有余地

在对孩子下指令时，不要把自己圈定在没有任何回旋余地的要求里。举例来讲，你希望孩子收拾好玩具，与其说：“不把你自己的玩具收起来，就不能吃这个苹果。”还不如说："要吃苹果了，我们先把这些玩具收起来！"即便他不肯听你的，没有乖乖收拾好玩具，你也不会因为自己的话不起作用而觉得颜面尽失。

"保全你的面子"的方法有：尽量用"我们一起来弄……"这样的说法，虽然你可能要自己承担大多数的工作；"让我们这么做，好不好？"也能让你不在孩子面前"跌份儿"，如果孩子非常不情愿地说："不好！"那我们也可以大大方方地放弃这件事情，这样一点儿都不会觉得没面子；你可以说："赶快收拾好玩具，我们要去做游戏了。"语气上特别强调"去做游戏"，假如他不为所动，你还是要自己动手收拾起玩具，但这至少不代表你的失败；"玩具回家的时间到了，那些积木该回家了！"像这样的话语也能让孩子主动收拾玩具，假使他仍然拒绝做这些事情，那么你也可以采取其他办法挽回面子，比如转移话题或者离开那里。

假使孩子非常黏人，那你就用明确的态度回答他，直截了当告诉他你的意思，这比用模棱两可的态度和商量的语气有效得多。例如，如果你早上要去上班，而他却因为离不开你而不肯去幼儿园，你最好说："我必须要去上班了，晚上回来陪你玩。"而不是询问他："我上班去了，好吗？"

❖ 技巧六：尽量想办法吸引孩子的注意力

对于一个倔强的两岁多的孩子来说，如果他不喜欢做我们想让他做的事情，我们就要尽量避免与他硬碰硬地正面冲突，这样才能达到预期的目的。假使我们一定要纠正他的不配合，那么他也可能会跟你“死磕”到底，最终不得不缴械投降的还会是你。所以，用其他方法转移他的注意力是明智之选。

比如说，你会因为他不配合换衣服而非常生气，此时不要对他大吼大叫，只需要跟他说说话，把他的注意力转移到你的谈话上来，他就会乖乖配合你给他换衣服了。

常被一些谈话吸引住是两岁多的孩子普遍的特点。虽然这些话，孩子很难理解，也不见得能完全听得懂，但是它的确可以吸引小家伙的注意力从而让他沉静下来。至少，能让他停止抵抗换衣服的动作。

❖ 技巧七：不要让他跟你“讨价还价”

虽然你的指令要留有余地，但也尽量避免让孩子学会跟你“讨价还价”。尽量不要用“以后再做……”这样的说法，例如他非常想做一件他不能做的事情，你如果告诉他“以后才可以”就大错特错了，你可能陷入一种永无止境的循环反复中，他会说：“不行，就现在！”“不行，现在就可以做！”如果这件事是可以过段时间才能做的，那你不妨告诉他：“我们首先要……然后才能……”让孩子觉得你说的更有意思，而且有了更好的选择，他极有可能会很快忘了原来的想法。要么你就转移话题，故意拖延时间，直到他能做这件事情为止。

❖ 技巧八：自己说出解决问题的办法

当你无法满足两岁多孩子的要求时，最好的办法就是分散他对这件事的专注度，抑或让他自己说出解决这件事情的办法。但有时候这个方法并不奏效，比如他总是对你说：“我就是要怎么样。”他得到想要的东西后，又想要另一些东西，你拿来这些东西，他却又要其他东西……如此反反复复，那你的方法对他就不起任何作用了。

❖ 技巧九：转移关注点或带他离开

两岁多的孩子对某件事的专注度并不高，注意力很容易被转移。如果遇上他钻牛角尖的情况，想方设法把他的关注点转移到另一个事物上是比较行之有效的解决办法。或者你迅速“撤离”事发地点，也可以带他一起离开，又或者拿出他从没见过的玩具吸引他。

比如，你的孩子不高兴了，周围的事物不能引起他的兴趣，他不愿再在这个地方待下去，但也没有要去哪里的意思，最有效的办法就是把他的注意力转移到对他来说有新鲜感的事物上，分散他的不耐烦。你可以对他说：“你的鞋子是不是被小狗叼走了？”这虽然俗套了一点，但却非常奏效。但是需要注意的是，切不可让他有一个以上的选择机会，否则他就会更加不知所措地继续哭闹。如果这个方法对他明显不起作用，那么唯一要做的就是带他离开那里。在这期间，他很有可能通过不停地哭闹来表达他的不满，但比起你毫不确定他要做什么而反复追问的对话，让他哭一会儿、闹一会儿可能是更明智的选择。

转移关注点和改变场地是我们与这个年龄的孩子相处的秘密武器，而他的武器通常是多变的情绪和无休止的哭闹，但这通常会让你感到难缠。两岁多的孩子似乎更愿意与你的意愿背道而驰，就算是自己的选择会被瞬间推翻，他们也无所谓。我们需要做的就是帮他从多变的情绪中解脱出来，让他从无休止的哭闹转变为拥有愉快的心情。遇到这种情况，与其假装楚楚可怜地对他说：“你要离开妈妈吗？”或者对他大吼大叫，又打又骂的，还不如转移他的关注点和改变场地这样的方法来得见效。

❖ 技巧十：告诉他事情的安排及过程

两岁多的孩子对世界认知还很少，这就需要我们帮助他不断增加认知。如果有必要，我们可以提前告诉他对一件事情的安排和详细过程，这样不仅增强他对这件事的印象和认知，而且也可以让他按部就班地完成，这对孩子是很有益的。例如，我们和孩子一起去买东西，你不妨在去之前告诉他：“你把钱交给卖巧克力糖的叔叔，跟他说你想要一袋巧克力糖，他会从货架上拿一袋给你。你拿了糖之后妈妈会把它打开，让你吃一颗，剩下的要等到明天再吃。”

如果孩子照这样做了，至少说明他听懂了你说的话，而且也会按照你所说的去做。有时候，我们的描述与实际情况难免存在差异，可能会有不可预期的状况（当购物完全是为了锻炼他，而不是我们自己真的需要购物时，这个办法会更加有效）。

❖ 技巧十一：让音乐无处不在

我们知道，美妙的音乐能使人感到闲逸舒服，即音乐具有安抚人情绪的魔力。利用音乐（无论哪种形式的音乐），我们可以营造出闲逗的环境氛围，这是这个年龄段的孩子所需要的，但靠他们自己往往无法实现。这种情况下，我们就要想办法帮他实现。例如，妈妈哼唱的小调可以让孩子很快入睡；类似“我们一起收拾玩具喽”这种带有韵律和抑扬声调的话语，比生硬的指令更让他容易接受。此外，如果你的孩子经常在吃饭的时候情绪低落，注意力不集中，给他放一些悠扬的音乐，最好是儿歌，会有意想不到的效果。如果让孩子拥有一台属于自己的录音机，效果会更好。

❖ 技巧十二：对他的哭闹置之不理

哭闹是这个年龄的孩子对抗父母的法宝，遇到这种情况时，我们该怎么办呢？对于大多数孩子来说，最好的办法就是对他的哭闹耍赖置之不理。几乎所有的父母都有这样的体会：如果他一发脾气，你就对他百依百顺，那么哭闹就成了他经常使用的“必杀技”，到那时候你就对他无计可施了。

因此，一定要让他意识到，他的坏脾气和又哭又闹只能让父母对他不予理睬，除此以外什么也换不来。

当然，最保险的方法是不让上述情况出现。做父母的应该清楚，不是所有的情况这个年纪的孩子都能适应和处理，因此要尽量避免让孩子处于这种他不能处理的情况下。

❖ 技巧十三：给孩子做选择的机会

机会对大一点的孩子来说是非常重要的，但对于两岁半的孩子来说，给予机会这样的方法并不适用。这就需要我们提前弄明白孩子是不是适合本技巧。举例来说，如果孩子在你面前做错事情，或者根本听不进你的建议时，你可以对他说："我觉得你还需要再有两次机会，现在重新来一遍吧！"久而久之他就会明白，就算是被拒绝或者不成功也没什么关系，或许多一次尝试就会变成另一种可能。

对两岁左右的孩子来说，掌握提问题的诀窍至关重要。技巧性的问题有很强的引导效果。你可以用："应该把你的上衣放在哪儿呢？"诸如此类的问句来代替生硬的指令"快把你的上衣挂在衣架上"。而且也能获得孩子愉快的配合。但是还要防范孩子用单纯的否定来解决一切问题——不管你问什么问题，他可能都会回答“不要”。这就需要我们不但要有提问的技巧，还要有行动上的配合。大多数情况下，即便掌握最高超的提问技巧，也不如行动起来更有直接效果。简单来说，你认为孩子应该先洗手再拿吃的，最好的办法就是直接领他去洗手间。

在所有技巧中，让孩子学会做出选择是最实用的技巧，但却存在一定的“危险性”。很多孩子的父母询问我们的态度时，我们也会产生怀疑。尤其是学龄前的儿童，他们做选择时出现的问题会更加突出。选择法的技巧如果运用恰当，可以帮助我们轻松处理很多困难的时刻和状况，但是如果把握不好，就会起到相反的效果。

当孩子遇到难以决定的问题陷入僵局，而是否听从你的选择又无伤大雅时，我们使用选择法是比较明智的。因为他不管如何选择都无所谓，此时选择本身对孩子就是一种帮助。

对于有时孩子出现的怠惰拖延的情绪，我们可以给出简单的选项让他选择，迫使他停止拖延。例如，你问他：“你是想玩汽车还是玩积木？”“你要在看动画片之前吃饭，还是看完动画片再吃饭？”或者“你喜欢听‘小马过河’的故事还是‘乌鸦喝水’的故事？”（他一般会选择最后一个，这个往往更容易让两岁多的孩子记住。所以，如果你更倾向哪个，就尽量放在最后一个）。

让孩子有所选择，这让他感到自己是重要的，他可以按照自己的决定做事，而不是一定要按照别人的意愿行事，这种感觉对他的成长和独立意识的培养是非常有帮助的。这是选择法带来的神奇效果，正因为这样，有的父母便过度依赖这种方法，无论什么情况都要使用，不管孩子是不是适应都会使用，这样反而会弄巧成拙。

这种方法的确是个不易把握的陷阱。因为在有些场合使用这种方法，对孩子并不见得奏效。比如当孩子疲倦得没有心情做出选择的时候，他肯定不会配合你，也不会心甘情愿地接受你做出的选择。每当这时候，给出最简单的指示才是上上之策，再用选择法的话只能把事态推向复杂的深渊。

还比如，在事情非常紧急的状况下，对于他应该如何做我们已经有了明确的答案，却非要逼迫孩子做出选择，也是不恰当的做法。此外，如果某种状况是两岁多的孩子从未遇到过的，他根本不具备正确选择的能力，此时也不应该放手任他选择。例如，一家人去餐馆吃饭的时候，让孩子自己点一道他喜欢的菜，这根本是不可能实现的。

由此看来，千万不要过分夸张“选择法”的神奇效用，它用于简单的问题还好，却并不适合复杂的场合。

是不是要选用“教他做选择”的方法，还要根据孩子的性格特质做出判断。有的孩子天生善于决断，明白自己想要什么，认为做出选择是一件再容易不过的事，且一旦决定就会坚守到底，这样的孩子往往十分享受自主选择时的成就感。对于这种性格特质的孩子来说，选用“选择法”一定会收到积极的效果和孩子愉悦的配合。

但是，也有一些孩子，似乎生来就不善于做出决定，他们完全不知该如何拿定主意并做出选择，遇到这种情况，再生搬“选择法”的话，只会徒增孩子的苦恼。

还有一种孩子，没有对自己的行为进行界定的意识，可能需要外界因素对他们进行一定的匡正。如果你不想把事情变得更加复杂，那么最好不要在这样的孩子身上使用“选择法”。因为他们最需要的是循着一根方向明确的准绳行事，需要我们用既定的详细的过程约束他，比如一位孩子的母亲为了培养孩子良好的行为习惯，特意制定出一整套用餐规矩，就算客人来了也不能打破。

选择法还对这样一种孩子不起任何作用：他对你的要求完全不予理睬，假使让他抓住哪怕一丁点回旋的余地，他都会揪住不放，趁机钻空子。就拿到外婆家走一趟这么简单的事情来说，他也会衍生出许许多多的问题，将主题拉到九霄云外。他会不停发问：“我们什么时候出发？在车上的时候是坐前边，还是坐后边？要穿哪件上衣呢……”遇到这种情况，我们最好将事情的每一步进展一一郑重地告诉他，并要求他严格照规矩行事。（对于孩子坐车的位置，一个好的建议是让孩子坐在专门的儿童座椅上，并把儿童座椅放在司机位置的右后方座位上，这样有利于父母与孩子交谈并时刻注意他的动作，也能防止两岁多的孩子影响驾驶。）

所以，在去外婆家之前，我们就要跟孩子讲清楚：“马上要去外婆家，穿上那件暖和的灰色毛衣，坐在后排的儿童座椅上。路上不许乱动，直到到达外婆家。”假如其间有什么状况发生，随时给孩子提醒，直到他能按照你要求的那样做好为止。

还有这样一种孩子，天生喜欢逆着来，总是反对一切要求；即便自己明知道你的需要，却偏偏不去满足。跟这样的孩子过招，不单单是教他学会选择这么简单的技巧就能应付的。总之，你的孩子究竟适合不适合运用选择法的技巧，如果不能正确判断的话，只要试探一下就可以了。

2. 给父母的提醒

各位家长朋友如果愿意遵从我们的建议，我们相信在你和你两岁的孩子相处时，会得到很大的帮助。

◇ 不要期望事事孩子都会配合。虽然你用尽浑身解数，事情的发展也不会永远像你预想的那样顺利。

◇ 如果要打破常规，请提前打好“预防针”。

◇ 尽量不要创造他可以直接给出否定回答的机会。例如，与其说：“现在要吃饭吗？”不如说：“吃饭的时间到了。”

◇ 情况紧急或者相当重要的情形，不宜让孩子做出选择。

◇ 接受孩子在等待的时候不停地发问和说话。

◇ 留有余地地提出要求。类似“除非你收拾好玩具，否则不能吃晚饭”这样的话显然过于极端了。

◇ 不要因为孩子的固执和坚持而生气，不要把这样的行为定性为顽劣或叛逆，而是当作孩子固有的天性。尽管有时候这些小家伙的行事会让你倍感烦恼，倒不如把它当作生活中的一道调味料。

◇ 不要介意孩子硬生生的反抗，不要因为“不”“不要”这些话而情绪激动。

◇ 在不经他允许的情况下，不能随意拿走他心爱的玩具或给他安全感的寄托物，更不要有讨厌的情绪。

◇ 能够理解他不情愿与其他孩子共享玩具的行为。

◇ 照看一天孩子会感到疲惫，但不要对此感到奇怪。

◇ 如果你的孩子符合我们所说的各个特征，也并不表示你可以停下来什么也不用做。每个孩子都要经过不同的成长时期，而每个时期也都需要父母在旁边用最正确、合适的方法帮助他、栽培他甚至是给他处罚。你要弄清楚孩子在不同的成长阶段都有哪些明显的行为特点，明白即便是一些“不乖”的行为表现也是正常现象。只有这样才能帮助他健康成长。

◇ 我们可以让两岁的孩子“听书”，但却不要妄想让他识字。因为过早敦促孩子做这些事情，只能招致他的反感。

◇ 不要怀疑孩子的智力。如果你觉得自己的基因并不突出的话，也没有什么其他方法再让孩子遗传到更优秀的基因了。

◇ 不被孩子“妈妈替我弄”“奶奶喂饭”的要求所左右。这是两岁多的孩子惯用的伎俩。到底由谁来帮助他做，这要取决于谁更方便一些。假使你更方便做这件事，不管他有没有提要求，坚持你来帮他做。

◇ 不要介意他想让除你之外的其他人帮助他。因为这可能是孩子故意为之的小把戏，并不代表他很讨厌你。

动作协调和语言表达能力进步——两岁孩子的能力表现

孩子的能力表现因人而异。有的孩子说话早，到了两岁的时候，已经能用很丰富的词汇表达意思了。可有的孩子已经三岁多了，尤其是男孩，还不能很好地说话。但这并不表示他比别人笨。所以，你千万别把他和其他孩子比，因为每个孩子的发展都有自己合适的时间表。

1. 两岁：各方面能力都在进步

孩子的能力表现因人而异，各不相同。有的孩子说话早，到了两岁的时候，已经能用很丰富的词汇表达意思了。可有的孩子已经三岁多了，尤其是男孩，还不能很好地说话。但这并不表示他比别人笨。

在接受书本知识上，孩子们的差异也很大。所以，你千万别把他和其他孩子比，因为每个孩子的发展都有自己合适的时间表。

好多家长都认为，应该为孩子的智力开发做点什么，其实完全没有必要。阿诺·格塞尔博士曾经说过这样一句富有智慧的话："心智显现其真貌。"事实就是这样。孩子的肢体语言，以及他做的任何事情都是其心智的体现。例如他的一些动作，走、跑、爬、看、听，以及他所做的一些事情，包括抢走别的孩子手中的玩具、不喜欢穿外套、用泥土做小手工、用积木盖高楼、把画纸揉碎等。

以上这些，都是他心智行动的实例。他所做的一切，都是自然而然的，不会为了让你了解其心智能力的优劣而有意识地去学习。这种情况要持续到三四岁。如果在这段时间他确实对一些物品或者游戏产生了兴趣，那他自然就会主动去注意并学习一些数字和符号。不过你要明白，随着行为的发展，他的兴趣会出现增强或削减的变化。所以，希望你不要对孩子做一些所谓的“认知发展”方面的影响。“认知发展”近年来在各类文章中使用得很多，但人们并不是很理解这个词的意思，有滥用的嫌疑。

你可以为你的孩子准备良好的合理的环境，并给他足够的爱和最大限度的关心，相信他的心智会很好地成长。

你一定要记住，孩子的成熟速度是不同的。下面我给你介绍一些两岁和两岁半的孩子会做些什么，这样也许会对你有所帮助。

❖ 动作方面：控制身体的能力大大增强

孩子到了两岁后，控制自己身体的能力比以前大大增强。他比以前对自己更有把握和信心。他一般不会再在行动中受到惊吓。现在的他可以跑起来而不轻易跌倒，可以上下楼梯，当然他会小心翼翼地把两只脚踩在同一阶上。他还可以用脚尖走路了，甚至可以随着音乐的节奏摆动身体，而且能做到脚步不乱。你还能看到他可以跳下较低的台阶。

但即便是这样，他手臂、腿、整个身体或手指的动作，仍然分化得不是很精细。两岁的孩子因为脚踝和膝盖还不能自由活动，所以行动起来会受到很大的限制，走路的时候表现得不是那么灵活。脚和腿好像是完全独立的个体，而不是相连却可以各自灵活运动的两部分。不过，不久以后，这种情况就可以得到改善，他们会走得更好更稳健。

两岁孩子还不会只使用一只手。在他的一只手指受伤的情况下，他会同时伸出两只手上对应的手指给你包扎。拿东西的时候，他的十个手指头会全部被派上用场。如果你想给他戴上大拇指与其他手指分开的手套，那他不是把十个指头全部伸开，就是把它们全部蜷起来。这时候的孩子根本没有区分开两只手哪个更占优势，不管以后他习惯用哪只手，这时候一般都是双手共用。

两岁孩子的身体比例正是迅速转化的时期，他不再像婴儿时期那样，头大得看起来有点头重脚轻的感觉。虽然脚还是很小，步伐也没有三岁孩子的稳健、灵活，但再也不像婴儿时期那样蹒跚学步了。不过，他的脚踝还不能灵活活动，这不仅使他走起路来不灵活，就连平时踩踏板式玩具车也会受到一定的影响。在踩脚踏车时，他是用脚跟往下压，进而带动车子前进，车子动起来以后，他的脚还常常从踏板上滑下来，脚趾则慢慢朝着地板的方向拖动。

两岁孩子还有另一个动作特性：不管使用手臂还是腿，都是左右同时行动。等到了三岁时，他才具有了灵活使用单独一边的能力。不过，你仔细观察后会发现，当两岁孩子非常熟练地操作踩踏板式玩具车时，速度可是快得惊人呢！

两岁孩子做事情的随意性是他的另一个特色。他做事没有方向和重点，没有段落和结果。他常常爬上攀爬架，可能是觉得高处好玩，也可能是想享受一下爬的过程吧。他装了满满一桶沙子，至于为什么要装，可能他自己也不明白。但即便是这样，两岁的他和一岁半的时候比起来还是成熟了很多。

在托儿所的游戏室，我们看到，在同样的七分钟内，两

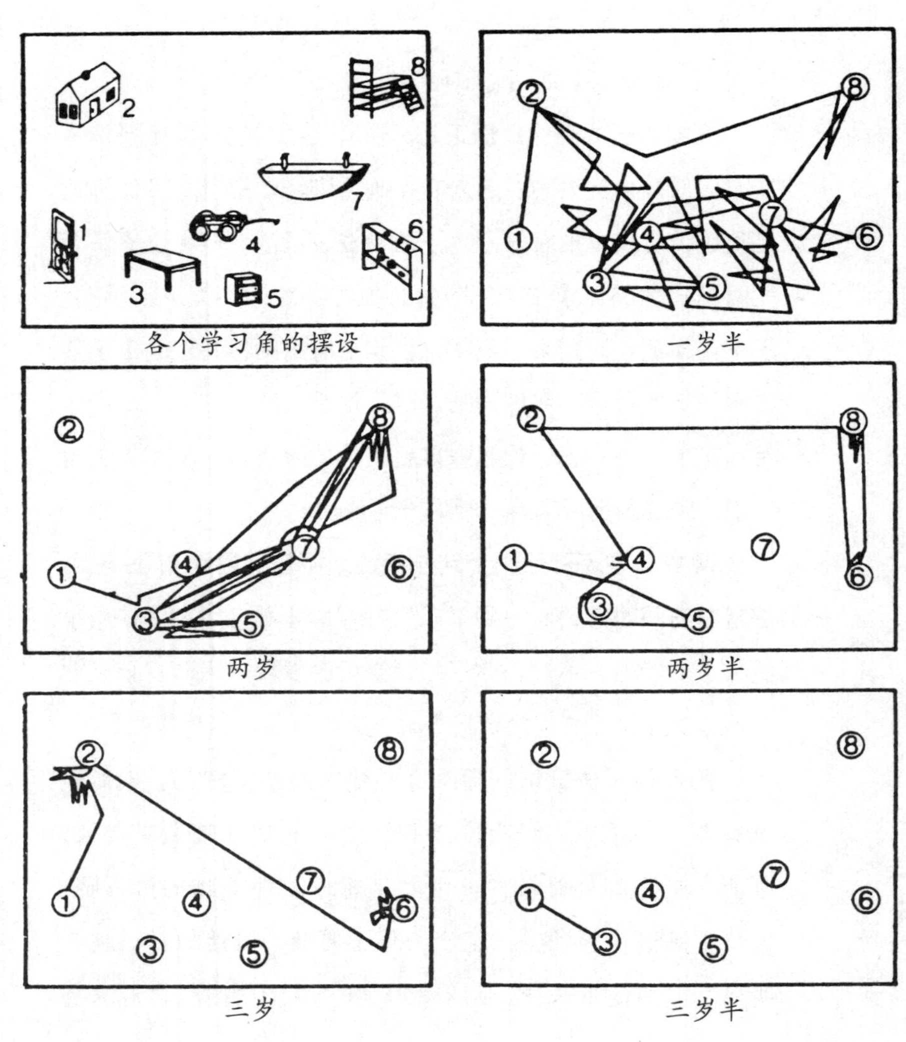

图二 不同年龄阶段的孩子在幼儿园七分钟活动的情形

岁的孩子已经不像一岁半的时候那样到处走来走去了（见图二）。以前他们的思维会跟着脚移动，走到哪看到哪。现在的他，先是对一个目标感兴趣，然后才会兴奋地走过去看。当然了，他们看的时间很短，因为他们很快就会被新的目标所吸引，于是转眼又走到别的地方。他们之所以会这样，是因为两岁的孩子集中注意力的能力还很低，他不可能长时间地把注意力放在一个东西上。

两岁孩子在一些精细动作上的能力也在提高。现在的他可以玩简单的八块拼图，而且很喜欢用水彩笔和蜡笔在纸上画来画去。当然，他的动作依然不是很灵活，常常是用整个手臂来操作。不过，手指的灵活性已经比以前好很多了。他能一页一页地翻看书，而不是像以前一样一翻就是两三页；他能把小手攥成拳头，然后摆动大拇指，或者移动其他的手指；有的孩子还可以用手指玩简单的游戏了。

他开始对能够拆开并安好的玩具感兴趣；他可以把大颗的珠子用鞋带穿成一大串；把瓶子盖拧开再盖上；一次次反复地开关水龙头；用刀子把泥土切成蛋糕的形状。

两岁的孩子对于双手的动作，好像感觉过程比结果更有意思。所以，他不会太在意把东西最后弄成了什么样子，只是享受了摆弄过程的乐趣。

两岁的孩子对周围的环境总是很感兴趣。看到台阶或者阶梯状的东西，他总要试图去爬一爬；从不会放过任何一个斜坡，一定要从上而下或相反地爬着去试一试；狭窄的缝隙也能激起他挤一挤的欲望。

他对移动的物体更有兴趣，对于滚动的球，总要看看能不能追得上。一岁半的时候，他喜欢别人推他坐的婴儿车，可现在，他们更喜欢自己推着车子走。

不但移动的物体对他有吸引力，人们好像更能激发他的模仿潜能。你可别小看他，**两岁的孩子模仿力可是惊人的**，大到肢体动作，小到面部表情，他都能模仿得惟妙惟肖。他的这些表现都是他身体动作反应的成果。

❖ 视觉方面：父母要细心观察孩子视力发展是否正常

一岁九个月大的孩子，有时候会出现一只眼睛的眼珠位置偏斜的情况，这可能使父母非常担心。等他两岁了，眼睛的运转就会趋于稳定。如果他不是为了讨你欢心而故意让两个眼珠都向内集中，两岁以后是不会再有上述情形发生的。

有些父母不放心，就带到医院做检查，结果没有异常问题。如果眼睛长期偏斜，就要立刻请儿童眼科专家做详细的检查，不能单纯地相信“长大后就会好”这样的劝告。医生检查是有科学依据的，相信医生还是没有错的。

两岁孩子的典型特征还表现在对远距离物体的兴趣增强。这时候的他是一个细心的观察者，他甚至可以认出远处的车是爸爸的。他们开始对远处的世界感兴趣，喜欢到处探索，因此，总是不能很好地集中注意力做一件事。

不过，两岁的孩子并不是对所有的视觉活动都表现得很活跃、很有探究的欲望，这其中的原因可能与物体的远近有一定的关系。他会自己翻看画册，但并不是要刻意地去认图（认图属于早期的阅读），他只是能从中获得乐趣罢了。他对事物的了解是借助手的操作来完成的，所以，没有操作，而只是单纯地“看”，对他来说还是不够的。

孩子到了两岁半以后，其视觉能力似乎有些“固执”。在他看来，转移视线和做其他事情没什么区别，一旦他的视线离开了感兴趣的东西，再让他去找就十分困难了。所以，父母应该让他动手去接触一些东西，这对他会有很大的帮助。

两岁的孩子已经开始渐渐了解事情的两面性。他开始去尝试了解“你与我”“好与不好”“来与去”“快与慢”“人与东西”等。因为他还不能清楚地明辨是非，所以他会按照惯常的模式来理解和处理问题。他认为东西的摆放要有秩序，要放在它该放的地方。有时候，在他的空间世界里，是没有“远和近”的区别的。

你可以用渐行渐远的物体，来引导两岁孩子慢慢扩展他的视觉空间。一般两岁的孩子不仅仅限于眼睛跟随物体移动，他还会去实际触摸。一旦有大型物体（比如卡车）迎面而来，他会非常害怕。这时候，你用手握住他，会给他很强的安全感。

两岁的孩子开始理解“那里”的意思，他能用自己的眼光告诉你东西在哪里。

由于他的空间概念还不是很清楚，所以，他只会注意眼睛正前方的东西，而对其他的事物视而不见，比如他只看到了迎面滚来的皮球，却不会注意到不远处开来的汽车。在这种情况下，**家长一定要细心看护，以免发生意外。**

两岁的孩子可玩的东西越来越多，积木、可以拧开盖子的罐子、简易木制八块拼图、可以拼组的玩具、能够敲打的玩具等，他都很喜欢。另外，眼睛和手的协调能力也在慢慢增强，像一些手指画、玩黏土、用蜡笔画画、把沙土装进箱子等活动也能引起他的兴趣。这些活动可以使他的手眼更加协调，对他的发育有很大的帮助。

快三岁的时候，他的视线就慢慢拉远了，他开始对远处的事物产生兴趣。如果这时候孩子依然还只是注意眼前的东西，那就应该考虑请眼科医生来检查一下，是不是孩子的眼睛有问题，也许存在着弱视方面的问题。父母在看护孩子的过程中，一定要细心观察，看孩子是不是视力正常，这样才能做到早发现、早治疗。

❖ 协调适应方面：通过模仿可以锻炼他的协调适应能力

两岁的孩子对整个世界都感兴趣，他们不单单是用手来触摸感觉，还会尝试用嘴去品尝。对于身边的任何事物和人，他都会有兴趣去探索。但他们对任何事物感兴趣的时间都很短暂。

因为两岁的孩子不能长时间集中注意力，所以做事很容易分心。又因为他的抑制机能只有一点点微不足道的发展，所以他几乎对任何事物都有兴趣，只是兴趣持续的时间较短。他不会长时间专注地去注意某一件事物。如果没有大人的参与与引导，一般他在蜻蜓点水式的接触之后，很快就又开始去探索别的事物。

他几乎对所有的东西都兴致盎然。他喜欢玩玩具，喜欢看书，喜欢画画，虽然都只是三分钟热度。他的图画作品很多，可都没有什么架构。事实上，他的兴趣范围仅限于活动本身，并不在于结果如何。就如同画画，涂抹的过程已经让他其乐无穷了，他根本不会在乎自己涂抹出来的杰作是什么样子。他尤其喜欢直接用手指作画，而不借助其他画笔，因为这样他的触感更明显，体会得更深刻。对于他的作品，我们是不能以成人的眼光来评价的。

你可以让他模仿你的“一竖”或“圆形”的笔画，你会发现他可以做得很好，但他现在还绝达不到写字的水平。你还可以让他用六七块小积木搭一座塔，他也能搭得有模有样的呢。

另外，往桶里和盘子里面装上沙、石头或者不要的纸屑，他可是响当当的行家。他还是积极玩水的参与者，当然前提条件是经过你的允许。他对积木，特别是大块彩色的积木情有独钟，当然也和其他的活动一样，他更注重享受这个过程。他喜欢积木，不是因为用积木可以搭出东西来，而是积木是可以用手拿的，可以堆在一起，还可以把它们装在玩具车里来来回回反复地推。

❖ 阅读方面：他会对与自己做的事有联系的故事更感兴趣

两岁的孩子，不管是男孩还是女孩，都喜欢拥有自己的书。那些图画简单、清晰不杂乱、没有很多文字的彩色图画书最适合他们。他开始对书的大小和形状有了选择，一些比较小，或者形状特别有趣的书对他的吸引力很大。

他还喜欢让爸爸妈妈给他念故事，当然，你不能读那些又长又复杂的。你把那些复杂的情节跳过去，他也不会有意见的。但是，到了两岁半，你可就骗不了他了，他更喜欢完整的故事，他会要你一遍又一遍、一字一字地念给他听。

他最感兴趣的故事，是那些和他做的事有联系的，比如故事中提到了他某些时刻参加的活动，或者是他喜爱的东西，等等。你可以把故事里主人公的名字换成他的名字，你会发现，他比别的时候注意力更加集中。他还喜欢和你谈故事里的人和动物，或者用孩子的语言和你说话。他还喜欢听儿歌，听完之后高兴地给你重复儿歌里的句子。

❖ 音乐方面：开始对音乐感兴趣

孩子到了两岁，大多数都对音乐很感兴趣。他非常喜欢唱歌，虽然唱得并不完整，而且还会跑调。对于有节奏感的玩具，像摇船、秋千和摇椅等，他也是爱不释手。他可以在听音乐的时候，目不转睛地盯着唱机运转，甚至还尝试着自己操作唱机。

❖ 游戏方面：喜欢设置情节简单、与实际生活类似的游戏

对于两岁的孩子，不管是男孩还是女孩，他们都喜欢玩扮家家的游戏。年仅两岁的小导演设置的游戏情节非常简单：会用布娃娃充当里面的人物，给娃娃盖小被子。他很费劲儿地把小被子小毯子拿出来，然后盖在布娃娃身上，并尽量把毯子拉平，还会一边拍着布娃娃，一边口中念念有词地说："睡觉觉。"

两岁的孩子特别喜欢"哄娃娃睡觉"的游戏。当然了，有时候他们也会带娃娃去看病，给布娃娃穿上漂亮的衣服。他还会自己做小老师，学着妈妈或者保姆的样子给娃娃读书

听，还会把它带在自己的娃娃车上出门遛弯、逛街等。

有的孩子做的扮家家游戏，则把自己当成了小主角。一边自己说着游戏内容，一边自己躺下，身上盖上小毯子；或者象征性地拿起小勺子，吃自己想象中的食物；或者自己假设到了亲戚或朋友家去做客；也可能用积木搭成火车或者飞机来玩。他很喜欢拿大人的帽子戴在自己的头上。

路易斯·伍德库克（Louise Woodcock）在《两岁的生活》（*Life and Ways of the Two-Year-Old*）一书中说，两岁孩子所熟悉的现实基础就是他自己，或者说是他个人所拥有的东西，特别是他的鞋子。他在扮家家的游戏中，自由发挥设置出来的故事情节全部来源于他的日常生活，而且是他最为熟悉的内容，比如上床睡觉、吃饭洗澡、理发、生病看医生、上厕所等。他会在游戏中一次一次地重复经历那些过程。经过对大多数两岁孩子的观察，我们发现，他们都是以自己为参考点和出发点的。例如，当他看见别人的手指受伤了，就会对自己说："我的手指头没有受伤。"看见别人吃东西，他可能会告诉你他的面包或饼干已经没有了。

带他出去散步时，他不但对自己的行程表现得兴致盎然，而且对一路上的所见所闻都很有兴趣。他会一路上捡起树枝、石头和树叶，还试图爬上低矮的围墙。就这样，他一路摸摸看看，走走停停，一点儿也不着急。这时候的他和做别的游戏一样，体会着无穷的乐趣。这时候如果你能耐下心来，放慢步子配合他，那你会和他一样得到快乐的体验。当然，如果你有急事，必须尽快赶路，那可能就体会不到那种“快乐”了。

❖ 庆生会的安排：让孩子更好地体会过生日的乐趣

对于两岁的孩子来说，生日在他小小的天地里是很重要的一项内容。他会很关注自己的生日。当然也有一些父母特意不把孩子的第一个生日过得很奢华，但现在的大多数家长都很重视孩子的生日，特别是他的第一个生日一般都过得相当隆重和热闹。于是，为孩子过第二个生日也就成为家庭生活的一项重要内容了。但在这个问题上，我还是提倡父母要节俭一些，这样可能会使聚会更有意义。

两岁的孩子虽然已经有点明白“请客”的意思，但为了孩子生日大摆宴席，还是没有必要的，一般有四五位客人就可以了。

为两岁的孩子过生日，一定要把他不成熟的社会性考虑进去，从而妥善安排。对于两岁的孩子来说，“请客”就和他日常做的请人喝茶的游戏差不多。所以，在生日宴会上，可以有意识地让他摆摆盘子、给客人倒点饮料什么的，这样他会觉得这次聚会主要是为他安排的。至于聚会时请来的“客人”是谁，他却一点儿都不关心。谁来谁不来，他根本就不会有所期盼。

虽然他对客人是谁不在意，但对“礼物”却开始感兴趣了。他喜欢别人送礼物给他，尤其喜欢拆包装纸的过程。

至于生日请谁参加，相信祖母、外祖母就是不错的人选，再请一位亲戚也可以。因为一般亲戚比别的客人更能理解孩子，更能让孩子体会拆礼物、倒饮料以及大家一起吃饭的乐趣，而且亲戚更能接纳孩子，努力和孩子保持一致的步调。

另外，我们建议最好不要请别的孩子参加你孩子的生日聚会。当然，孩子自己的兄弟姐妹除外。如果有客人要带来孩子，最好不要来很多，而且建议他们不要停留很长的时间。

❖ 语言方面：词汇量开始增加，建议父母不要过早地让他去阅读

对于不熟悉两岁儿童世界的人，他们会感觉那么小的孩子，只会说几句话，只会使用几个词语，有什么可谈的呢？

事实上，到了两岁，大多数的孩子可以使用三个词，甚至会说出含有三个词以上的完整句子。这段时间，他的词汇量迅速增加，已经达到两三百个之多。他已经度过了婴儿期的牙牙学语，可以用短语或句子来表达自己的意思。仔细观察你还会发现，他使用代词和名词已经相当准确了。而且，在他的语言中，一个名词还可以有不同的含义。

比如，他可能会对任意一位成年女性都称呼“妈妈”，但面对屋子里五位不同的成年女性，你从他不同的喊“妈妈”时的语调，可以判断出谁才是他真正的妈妈。

两岁的孩子还不会用“我”来称呼自己，他一般在说自己的时候也会叫自己的名字。再过半年或者一年，他就可以学会使用“我”了。这时候，你如果叫错了他的名字，他会很生气。因为现在他在努力通过加强自己和名字之间的联系，来建立自我认同和自我接受。等到了三岁以后，如果你再叫错他的名字，他会不以为然，只是感到好笑而已。

大部分两岁的孩子不能很好地分辨人和东西的区别。在他的眼里，所有的东西好像都是有生命的。比如，他会把衣服、玩具、树木和门当成人和它们对话，还可能试图爬到图画书上的卡车里去。两岁的孩子很喜欢一个有意思的仪式：晚上睡觉前，他会亲切地对着他熟悉的东西说晚安。

"闹钟，晚安！椅子，晚安！门，晚安！门把，晚安！楼梯，晚安……"和这些东西都道过晚安之后，才会向爸爸妈妈说："妈妈，晚安！爸爸，晚安！"你看，他多么可爱呀！

对于两岁的孩子，他的语言能力还很有限，所以很适合这些自问自答的游戏。即便他一个人在屋子里，你也会听到他为自己配音做游戏。他会一边唱歌一边跑来跑去，还会为自己的动作加上"砰砰""呜呜""咚咚"的声音效果。你还会看到他自己给自己下达命令然后自己执行的可爱情景，如"跳""摇""走这边"等。事实上，两岁孩子自言自语时说出来的话，基本和他与别人说的话一样多。

两岁的孩子通常会一边行动一边说话，他感到这个游戏很有意思。当然，说话作为一种沟通工具，他也会渐渐熟悉并使用起来。他用语言来表达自己的需求，也告诉你他的想法和对一些事情的看法。

两岁的孩子对结合了动作、语言和发音的游戏很感兴趣。他通常一边玩玩具、一边口里说着有关的语言；他还会一边唱歌，一边骑着他的小三轮车或者推着他的玩具车。多么有意思的场景呀！

词和词连缀成句是需要一个过程的，你可能还不了解他是多么努力地在使用词语和句子。刚开始，两岁的孩子只能把两三个词连在一起，后来是四个或五个。他从接触一个新词开始，通常要经过一个阶段的熟悉，等他掌握以后才会成为他词汇中的一部分。

这个阶段的孩子，开始使用一个重要的新字“好”。当别人要求他做什么的时候，他会问：“为什么？”不过这个词只是单纯地使用，他并不是真正想知道事情的道理和缘由。

两岁的孩子已经开始对事物行为背后的执行者感兴趣了，比如，他会说：“车子坏了，这是小杰弄的。”或者说：“谁把雨弄停了？”

在这个年龄段，如果你想启发你的孩子在语言方面的运用能力，可以适当增加他各式各样的经验，包括声音方面的、触觉方面的、色彩和大小方面的。你可以和他一起交流，如“这种声音是响，还是轻呢？”“这个东西是大，还是小呢？它是软的，还是硬的？”用这种方法可以很好地刺激他学习形容词，并合理地运用。不过，千万别把它当成一种正式授课，那样孩子就失去了兴趣。你可以在孩子日常的游戏中，有目的地巧妙加入这些对话。

如果你希望通过读书的方式来刺激他的语言发展，你可以试试这样的对话情景：“能告诉我，小红帽在哪儿吗？”“你知道这个小女孩在做什么吗？”你也可以通过图画的辅助方式来和他交流一下颜色、形状和大小。通过和孩子谈话、念书或是散步，可以让他从中学到很多东西，并加深对外界事物的了解。在这个过程中，你同时也享受了为人父母的快乐，这是多么令人高兴的事呀！

罗瑞·布拉格和乔瑟夫·布拉格（Laurie Braga and Joseph Braga）曾提出："在两岁孩子的发展过程中，语言的进步是最明显的，而且语言是影响他们思考的重要方式。可是有一点我们必须清楚，借助文字以外的其他途径也能教会他们很多东西。比如，当孩子在学习'粗'和'光滑'实际应用的时候，必须要实际地去接触一些东西，了解这些东西的性质，才能很好地运用。"

我们建议父母，千万别让孩子太早地去阅读，这对孩子是很重要的。他一定要对这个世界有了亲身的体验之后，才能对词句有很好的理解，不然，他的阅读是没有意义的。

❖ 与他人交谈方面：他和别人的对话大多属于自发性的表达

在与他人的交流中，如果同时有大人也有孩子，两岁的孩子会选择和大人说话，而不会和同龄的孩子交流。图三是

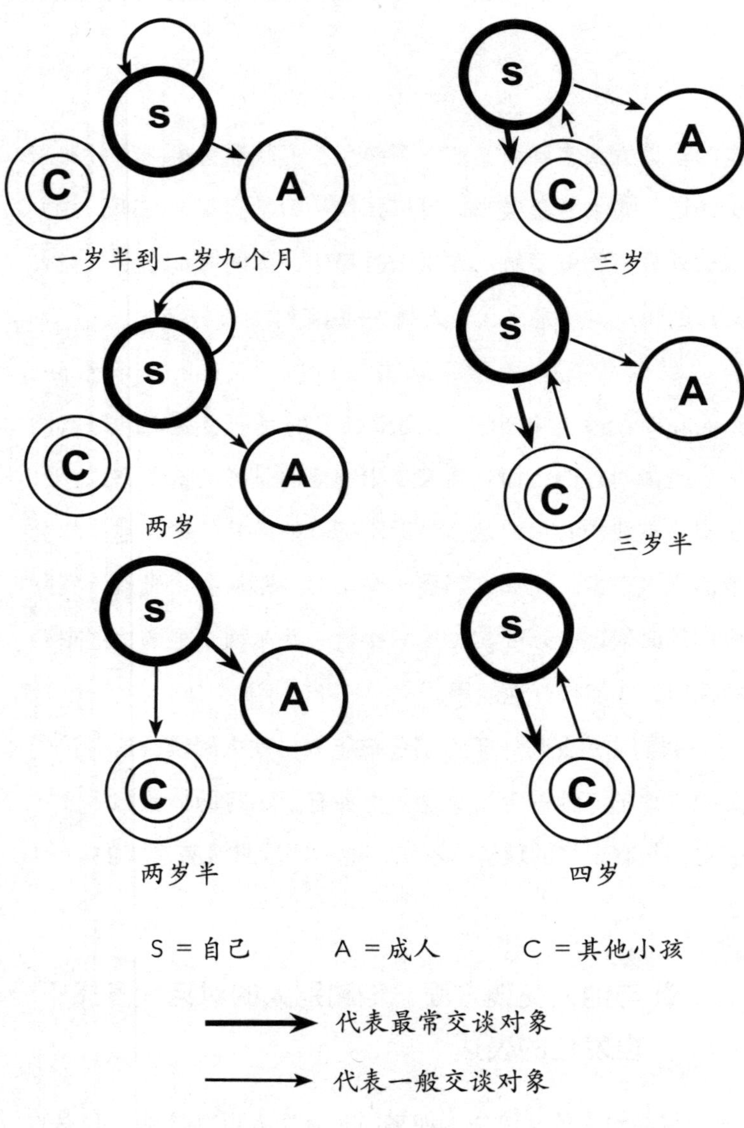

图三　孩子和他人交谈的情形

根据我们长期观察得出的报告，报告表明，两岁的孩子最喜欢的就是自己和自己说话，然后是和熟悉的大人说话。你很少看到有两个或者几个两岁的孩子在一起说话。你认真观察就会发现，他和别人的对话也大多属于自发性的，而不是对别人语言的反应。你对他说话，他可能不会理你，好像没有听到一样。和这样的孩子交流，主动权绝对在他的手中。请看一个两岁孩子的典型谈话，首先他对妈妈说：“妈妈，看，叶子。”不等妈妈回答或做出任何反应，他就对另一个大人说：“我让妈妈看叶子呢。”如果你想和一个两岁的孩子交流，用打打闹闹的方式去接近他，而不是直接和他对话，可能效果要好得多。两岁孩子的心智和人格比他的身体更容易受到伤害。因此，与直接用语言接近他相比，他更能接受身体的接近，因为这样他不会感觉到威胁性和侵犯性。

两岁的孩子已经学会通过词句，用更多方式与大人接近。以前，他只会用一个简单的词来表达的意思，现在可以用两三个词或者由更多词组成的句子来代替。现在的他能用简单的语言描述眼前的情景，或者与他有关的人和事情，比如，他会说“这里有辆车子”“还要果汁”“好好玩！”“这里有皮球”“好多人”“小安爬”“去哪里？”“爸爸没了”。

他更喜欢在拿东西给人家看时告诉别人这件东西的名

称，似乎这么做可以让他更进一步地了解这种物体。比如，“电话！”“咣当、咣当！火车。”

他如果想得到你的帮助，就会拉着你的手，或者用眼睛注视着你，说：“下来。”“要去看小鱼。”

孩子两岁以后，会对东西的名称或所在地方产生兴趣，比如他常常会问：“这是什么？”“球在哪里？”

大多数的两岁孩子会用简短的句子来告诉你他的想法，比如：“好脏。”“好干净。”“全没了！”为了得到人们的称赞，他会在你面前，指着自己或自己的鞋子说：“看我！”“看我的新鞋鞋！”

有时候，他们的一些话是简单地和你打招呼，如“嗨！”还有些则是对你的直接要求，如“讲故事！”“放回去！”有的孩子则具有丰富的想象力，他会向你解释他正在做什么游戏，如“煮蛋蛋”。

两岁的孩子对大人的要求，他的反应很多时候不是在回答你，而是在重复你的话。比如，你问他“小孩子在干什么？”他会重复你的话：“小孩子在干什么？”或者你说：“去，叫小琳过来。”他也会重复说好几遍。如果你让他去取一件物品，他可能会照办，也可能不会理你。看来，对两岁的孩子来说，语言远远不如身体对他的影响大。如果你让他去什么地方，不妨把他直接抱过去。

两岁的孩子已经可以回答简短的问题，而且能和你进行简单的对话。比如，你对他说："下雨了。"他可能会问："为什么？"

小朋友在一起时，彼此之间的对话仍然很少，即便有，大部分也是自发性的，而且常常是为了保护自己的东西或者想要玩别人的玩具。比如在托儿所，和几个小朋友在一个屋子里玩，他会不时地说出这样的话："不！""不许拿！""那是小杰的！""给小杰！""给我杯子！"他可能还会说："小心！"他甚至还会用推别人一下的方式来加强自己的命令。如果是一个两岁的女孩被淘气的男孩拉了头发，她会说："很疼。"两岁的孩子们普遍用的社交语言就是"嗨""嘿"或"喂"。

你一定知道你的孩子是怎样表达"拒绝"的意思的，这不需要别人告诉你。当他不同意你的要求时，可能会哭、叫或者大发脾气，甚至直接对你说"不要"，还可能会跺着脚跑出屋子，用很大的力气关门等。至于他用哪种方式表达，会因环境和年龄性格的不同而有所不同。

在一般情况下，两岁的孩子是怎么表达"不要"的意思，来拒绝他不想做的事呢？

两岁的孩子一般不会用语言而是用动作来表示拒绝。当他不愿意听从大人的安排时，可能会从椅子上站起来又坐下去，或者在屋子里跑来跑去，表现出很不安的样子；也有可能不再自己玩，而是把玩具交给妈妈。

当然，具体的表现还要因人而异，也有的孩子会以语言或者情绪的变化来表示反抗。比如，有的孩子会直接说“不”，也有的会用沉默表示反抗。综合来看，当两岁孩子想拒绝大人的要求时，最直接的语言反应就是“不要”，或者根本就不做反应来拒绝你。也可能他会用别的要求来婉转地拒绝你。

两岁孩子的情绪拒绝法可能有：让妈妈抱着、求妈妈帮助、停止玩手里的玩具，或者干脆不理你，还可能根本就不按你的要求坐在桌子旁边。

我们不难看出，两岁的孩子一般是用动作来表示他拒绝与你合作。到了两岁半，语言和动作已经用得一样多了。

2. 两岁半：能力有实质性提高，父母应及时引导

❖ 动作方面：精细动作上的能力有了很大提高

相比六个月之前，孩子现在的动作已经有了很大的进步。他不仅可以用脚尖走路，还可以用双脚一起跳跃。如果他愿意尝试，他还可以用一只脚站立起来，连他最擅长的爬上爬下和滑溜的动作也都更加娴熟。

处在这个年龄段的孩子，不仅能很好地调节自己的运动速度，还能非常灵活地控制动作的暂停，能躲避低的障碍物或者轻松跨越。这个年龄的大部分孩子都能很准确地

掷球。不仅如此，踢球和接球对他来说，也不再是非常困难的事情了。灵巧的他们甚至能借助手臂和身体的配合接住很大的球。

与此同时，他在精细动作上的能力也有了很大提高。现在，他的手指功能愈见分化和成熟，所以你给他戴手套的时候，他不再像以前一样把十个手指头全部蜷起来。伴随着这种分化的进步，孩子改变了原先用“双手同时行动”的习惯，尤其当他为了某种目的而使用工具时，常常依靠一只手就能顺利完成任务。

此时的孩子还是会做六个月以前的事情，只是动作更加娴熟了。譬如，穿珠子时不会再掉落很多，而且效率也提高不少；虽然依旧不善于绘画，但是手腕和手臂的挥动幅度小了，灵活度也提升不少；玩拼图这类小游戏，更是得心应手。

起初，大多数孩子都不能确定自己更善于用哪只手。最初他每拿到一种工具时，都会从这只手交换到另一只手。譬如，他拿汤匙的时候，会根据哪只手离汤匙比较近来确定。就算他一开始选中了这只手，在吃饭的过程中，他还是会不断地换另一只手。只有到他三岁的时候，他才能确定使用哪只手更有优势。

❖ 协调适应方面：具备了新的能力，学会判断简单事物

如果科学定义“协调适应能力”是一种解决问题的能力，那么，就算是两岁半的孩子，也不具备这种能力。因为他的心智和理解力都还没有得到完善，所以，他无法去处理和解决任何状况。譬如，面对一扇被棍子或石头卡住而无法关上的门，他怎么用力拉都拉不动，但他不会去寻找拉不动的理由；在玩拼图遇到困难时，他也只是努力取下不适合的图片，却不会想到要换个方向。

但是，假如你给他一片拥有三种不同形状（分别是方形、圆形和三角形）凹洞的形状板，旁边放好对应凹洞形状的积木片，他就会非常迅速地做出判断，把积木片放进对应的凹洞里。就算你改变了形状板的上下位置，他也会对转位情况做出调试。就算是出现了错误，绝对不会比之前差太多。

两岁半的孩子具备了很多新的能力，譬如，无论男孩子还是女孩子，都可以像模像样地画出一条直线或者横线；如果画十字，他可以画两笔，却不一定相交；他还能用八块小积木创造性地搭成一座塔；反复念两个数字。

❖ 游戏方面：钟爱角色扮演和拆分拼装东西的游戏

相比六个月之前，两岁半孩子的游戏行为基本没变，只是范围更加宽泛。例如，他会特别喜欢你温柔朗诵儿歌的韵律和讲故事的声调，并且百听不厌。他会执着于故事书上的一字一句，如果你想缩减一段或是一页，那是行不通的。因为他即使不具备阅读的能力，也对故事的详细内容记得清清楚楚。

无论是两岁半还是两岁的孩子，都非常喜欢贴近他生活的书籍。这类书籍里面所描写的关于起床、穿衣、吃早饭、散步、玩推车、上床的场景，是他最感兴趣的。同时，他也喜欢直观讲述动物知识和交通知识的书。听故事的时候，他喜欢让你重复地讲同一个故事，而且必须完整，每一遍都得是完全一样的，不能有删减，更不允许更改故事的内容。当你讲到最后时，他甚至能自己念出结尾的词语或句子。

这个年龄的孩子会特别钟爱角色扮演，模仿一些周围大人们的行为，譬如，喂孩子、打电话、擦地板等。他还喜欢用灵活许多的手指绘画，或者玩泥巴。因为黏土可以随着他的揉搓变成任意他喜欢的形状。

泥巴和水是这个年纪的孩子最喜欢的事物。只要给他们机会，他们就会肆无忌惮地做起馅饼和蛋糕来。他们还特别偏爱能够倒来倒去的细沙。对于特别喜爱的积木游戏，他们更喜欢选用大块的积木。故意把积木碰倒，然后爬到上面去玩，是他们常常上演的节目之一。

两岁半的孩子，特别喜欢玩一些可以反复拆分拼装的东西，譬如，可以一个接一个套装上去的玩具或者拼图、可以拆装重组的玩具汽车。尤其在面对他们自己独有的特别玩具时，比如填充式玩偶和娃娃，他们会表现出更加喜爱的样子（这似乎跟孩子的性别有关，女孩子喜欢娃娃，男孩子喜欢填充式玩偶）。如果孩子拥有一个家庭式玩偶组，那他最喜欢做的一件事就是，把这些玩偶按照自己定下的标准排队。此外，他们依旧喜欢到哪儿都带着自己专属的“安全”毯子。

这个年龄的孩子都喜欢在家附近散步，似乎其中有大人们所不能理解的乐趣，而且远远要比父母们精心策划的郊游有趣得多。

❖ 电视方面：父母应恰当地为孩子安排电视节目

两岁半的孩子和两岁时一样，喜欢看各种各样的电视节目。电视也许是他们生活中不可多得的调味剂，但是，它依旧排在次要位置，并不是必不可少的。如果孩子长到两岁半，父母依旧拥有掌控电视的权利，那么，一切电视问题都可迎刃而解。我们给父母的建议是，不要总是对电视节目表示不满，应该恰当地为孩子安排在什么时间看什么节目。

❖ 语言方面：学会用简短的句式表达，却很少回应别人

这时候孩子已经可以说出自己的全名了，而且还能指认一些简单的图画。他改变了用名字来称呼自己的习惯，学会了用“我”字，所以，他常说：“我自己做。”

如果他跟随大人出现在一个社交场合，里面也有其他的小孩子，那他寻找的交谈对象还是以大人为主。但是，相比六个月之前，他对其他孩子说的话会增多，而自言自语的时间少了。

孩子在独自游戏时，依旧会一个人自说自话。当然

大部分内容都是与自己的活动有关的，比如“现在，忙去！”“把它放到洞里面”。他常常一边做，一边念叨着自己的想象游戏，让整个游戏过程一点也不枯燥。他还会兴致高昂地说：“呜……哐当、哐当！火车来了，到台北去。”

如果有大人在他旁边，比如爸爸妈妈、保姆、幼儿园的老师，他就会拉上你谈话。现在的谈话与六个月前相比，更加丰富了，不仅词汇增加很多，就连谈话的方式都进步了。

所以，这个年龄的孩子可以用简短的句式，表达他曾经做过或者将要进行的活动，譬如：“我弄好的。”“我让它走。”“我建了一个房子。”还有请求帮助或者不帮的话语：“我想爬上去。”“我要下去，帮我。”“别推，别帮我。”如果独立完成某事，他一定会得意地炫耀，譬如：“我可以自己脱衣服。”“瞧，我自己爬上来了。”

每个孩子都盼望自己能快快长大，所以他总喜欢说自己长大了，或者想象自己成为某个人物：“我要骑大自行车，我长大了。”或者说：“我想当老板。”

他提出的任何要求都是率性而为，比如：“哪里有马车？”“家里有弹珠。”如果对象是大人，他也会毫不犹豫地发号施令：“去，让开！”“你快走！”“给我。”并且时常抱怨其他孩子：“他拿我玩具！”“他推我！”“他是大坏蛋！”

这个年龄的孩子常常会表现出比较奇特的一面，比如，当你对他说话时，他明明有反应却不会回答你，而且不管你如何要求他，他也不会理会。这种常常忽略大人指令的奇特行为，使得孩子们显得不太乖顺，有时候也令家长感到无所适从。

格塞尔博士在所著的《生命的头五年》(*The First Five Years of Life*)一书中提到过，曾经有一个行为发展测试指明，两岁半的孩子如果出现逆反行为，会有各种各样的拒绝方式，但与六个月之前相比，表现出了很大的进步。目前，用语言拒绝是他们使用得最为频繁的方式，不过，这个年龄也是动作拒绝的最后阶段。

因此，一旦孩子拒绝听从大人的要求，就会从椅子上站起来，离开饭桌、爬椅子、移动家具等，这都是他表示反抗的方式。

他要么常说“不要”，要么就什么也不说，以此表明自己拒绝态度的坚决，有时也会同大人协商换个东西给他，或者向妈妈求救。这种用情绪表示拒绝的方式比两岁时少了许多，而且比用动作或者语言也少了许多。

这个年龄的孩子明显喜欢和其他孩子说话了，不过他还只是喜欢“和别人说话”这件事。而且，他与其他孩子说话的内容大多都很任性，不是在极力维护自己的所有权，就是命令别人的言辞，比如："起来，这是我的！""不许碰我的玩具！""快给我，那是我的！"

不仅如此，这个年龄的孩子对别人的管制欲也非常强，所以他常说："小安，快走，拿这个。""小强，你走开！"甚至用一些辱骂性和攻击性的字眼，例如："你是坏蛋！""你不走，我就打你！""我要杀死你！"而再大一些的孩子对待小伙伴则要礼貌得多："你要玩积木吗？""让我来帮你。""请给我那个，谢谢。"若是和小伙伴们一起玩游戏，他就会说些这样的话："我们给孩子在那里搭一张床。""过来吃饭啦。""谁来了？快开门！""都弄好了吗？""不对，你坐那里。"

一部分孩子喜欢和别人谈论自己的活动，不管是真实的还是想象的："瞧，小强，我做的生日蛋糕哦。""看我做的小鸟。"

当别人对他说话时，他的反应依旧很少。如果你跟他打招呼，他就用一声"嗨"来回答。你问他"好了没？"他就会说"没有"。而当其他孩子说某件东西是自己的时候，他也会说："那是我的。"除了这些之外，真正有实质意义的交流很少。

帮孩子养成良好的生活习惯——父母必须注意的生活常规

和一岁孩子不一样，两岁孩子已经可以开始自己吃饭，尝试自己穿衣，父母在这个阶段要合理安排孩子的日常饮食、培养他良好的生活习惯。这其中有很多诀窍和技巧，而给孩子一定的选择食物的自由，遵从他喜欢的洗澡方式等，都对塑造他一生的自我意识有益。

1. 恰当的饮食才是最健康的

相信每一个妈妈都曾被孩子吃饭时的模样，弄得哭笑不得。因为小孩子在吃饭时，总会很认真地把手里的汤匙举高，让里面的饭菜稳稳当当地送到自己嘴里。而他在喝水的时候，就会用胖嘟嘟的小手抓着杯子边沿，另一只小手则在旁边帮忙。当他终于喝饱水以后，才会停下来，轻轻地把杯子放回原处。

妈妈们总希望小孩子有一个好胃口，认为这样才能拥有一个健康结实的身体。但是，即使孩子真的能吃很多东西，你也要适量地控制他的饮食。无论如何，恰当的饮食才是最健康的。

如何才能合理地安排小宝贝的日常饮食呢？

❖ 千万不要勉强他吃东西

这时候的小孩子可是非常不讲理的，想让他们一日三餐都好好进食简直不可能。所以你只要努力让他好好地吃一顿正餐就好，其他两顿饭，略微吃一点就好。

❖ 尽快了解孩子的饮食偏好，这对母子感情的培养非常有必要

只要你足够细心，你就不难发现，孩子对于食物的喜好是非常特别的。例如，他会喜欢颜色漂亮的食物，而对颜色不漂亮的则不屑一顾。或者，他喜欢像马铃薯、豆子之类完整的食物，而不喜欢你把食物捣碎了给他吃。

就像接触了一个全新的世界一样，孩子们对于食物会有十分强烈的探知欲，因此对于新食物会跃跃欲试。可是，有些孩子则恰恰相反，他们只会接受曾经吃过的某些食物。而且，不同孩子的饮食习惯也会有所不同，例如，有的孩子喜欢把所有的食物全部混在一起吃掉，或者分开来慢慢吃。还有些孩子特别青睐切分好的食物，有的则喜欢完整的。

如果你的小孩子对于食物的坚持非常执着，那么你还是尽快适应为好。因为就像孩子在十几岁进入叛逆期一样，这

时候的小孩子也开始进入一个自我主义的巅峰时期。如果你能顺从他的喜好，让他尽情地去吃自己喜欢的食物，那这个时期说不定会提早结束。

这一时期，大多数父母都会不约而同地对孩子的饮食习惯进行培养。虽然这是应该的，却没有必要如此早。其实，只要小孩子能快快乐乐地吃饭，健健康康地成长，吃饭的形式又有什么重要的呢？

众所周知，小孩子对于点心是非常热衷的，如果你想博得小孩子的欢心，为他准备一些营养丰富的点心会是不错的主意。既可以让孩子吸收足够的营养，又可以避免他再乱吃其他零食。

父母对于小孩子的饮食要时刻留意，因为尽管小孩子会自主饮食了，却还是会挑选些自己特别喜欢的食物，例如圆形的咸饼干，或者香脆的爆米花。

两岁的孩子大多能自己吃饭了，而且一顿下来会吃掉不少。可是小孩子在妈妈面前，总是会忍不住撒娇，以此来获取他独有的特权。所以，如果你的小孩子不愿自己吃了，你就要开始慢慢地喂他了。他会很乐于接受你的服务，并为此开心不已。但是，如果他真的不喜欢某些食物，你是无论如何也无法劝服他的。因为孩子的身体太过娇小，所以总是欠缺身体的平衡感。就算他用汤匙或者杯子来吃饭，也总是不能避免倾洒出一些来。尽管如此，你也不必太过困扰，因为，你的小孩子如果很爱干净，那么，在他洒了东西之后，就会主动让你来喂他的。

有时候孩子的胃口似乎非常不好，因此他这时的进食状况会格外令你担心。但是，你只要把孩子每天的饮食状况记录成表格，就会发现，**孩子胃口好的日子和胃口差的日子是相互平衡的**，小孩子是不会真的饿着自己的。

甜食对于小孩具有无法抗拒的吸引力。因此，家里最好不要放置糖果，以免被孩子看到。或者你可以自制一些水果冻，来代替甜食，既营养又美味，何乐而不为呢！

孩子成长的每个阶段，似乎都存在着或多或少的逆反心理。例如，在饮食方面，你越是顺从小孩子的意见，越是满足他的要求，他反而对什么都不是很坚持。如果你以自己的要求来约束他、规范他，最后一定会引发与孩子的争吵，那你就会更加困扰了，因为孩子一定会再次重复这个事件，来故意惹你生气。**如果你可以很好地配合孩子，对他的饮食给予一定的自由，那么，孩子也会乐于与你亲近，分享自己的美食给你。**而且，他不会再在饮食方面寻找刺激点，来引起你的注意。

我们可以向所有的父母保证，只要是身体健康的小孩子，都不会在吃的方面委屈自己的。

2. 洗澡时可以多遵从孩子喜欢的方式

通常来说，洗澡是一项备受孩子喜爱的活动，绝大部分孩子都能从中找到快乐。两岁左右的孩子就越发喜欢自己“帮忙”洗澡了。尽管此时的他还掌握不好如何洗手、擦干，却非常享受这种“自己来”的感觉。两岁半左右的时候，他的热情会更加高涨，有时甚至想要自己完成整个洗澡的过程，要知道，这时的他是很固执的。只要留心观察，你就不难发现，他特别爱在水中划来划去，如果没有人阻止他，他便会这样一直继续下去。

当然，他很有可能还会为自己安排一些特殊的任务，比如，用自己的浴巾将水管和水龙头统统擦亮，想办法把浴缸的塞子塞住或拔起。他一定要按照自己这套规则行事，很多时候他大概已经忘记了洗澡的真正目的是把身体洗干净。想要让两岁的孩子从浴缸里出来并非易事，这就要看父母的智慧了。有的父母会拔起浴缸的塞子，直接让水流干，这时，一些孩子可能会害怕自己也随着水流被带到水管里去，于是便急忙“逃出”浴缸。但有些孩子却不会感到害怕，即使水完全流干了，他也不愿从浴缸里出来。无奈，你只能另寻办法了，比如你可以试试“计数”。

不管孩子自己制定了什么样的规则，洗澡时的种种特殊要求难免会有些费时且很累人，但是，如果你能在力所能及的情况下做出一些让步，按照他的方式来进行，这项常规活动可能就会顺和多了。

3. 想顺利哄孩子穿上衣服其实有很多窍门

❖ 两岁左右的孩子脱衣服比穿衣服要熟练得多

一般两岁左右的孩子脱衣服比穿衣服要熟练得多。他能够自己把袜子、鞋子脱掉，有时候会自己脱衬衫、外套或是裤子。当然他也会尝试穿衣服，也许还能自己穿上外套，但往往很难成功。如果你来帮助他，他会很配合。

大多数孩子到了两岁半的时候仍旧会处于上述状态，通常他会在白天脱掉衣物（特别是鞋子）。倘若让他自己试着穿衣服，他很可能会将衣服穿倒、把袜子的后跟穿到脚面上、同一只裤管里挤进两条腿、衬衫分不出前后、把鞋子穿反等。

❖ 两岁半的孩子会更计较穿衣服的过程

不管两岁的孩子能不能自己将衣服穿好，他都不会太计较整个过程。但是两岁半的孩子就不同了，此时，穿衣服很可能会成为一件令家长烦恼的事。通常，两岁半的孩子会表现出比较顽固的一面，他很可能会执意自己来穿衣服（即使他还做不太好），或者坚持按照某种次序来穿，有时也许还会拒绝穿某些衣服。

尽管他不愿意你碰他，但他还是会接受一些必要的帮助，比如，你事先把衬衫背部向上放好，将裤管分开以便他能够顺利地套进去。但有时候，也免不了会出一些小小的意外，例如他会很极端地要求完全由你来帮他穿衣服，但当你真正帮他穿的时候，他却故意捣乱似的软软地躺在那里。

换句话说，如果你们为穿衣服这件事而发脾气是很正常的。两岁左右的孩子不仅会执意要穿或是不穿某件衣服，而且还会试图躲起来，因为这样，他就不会轻易被人碰到了。然而一旦他被找到并抱出来，他立刻就会变得很暴躁。如果刚洗完澡，他身上很湿很滑，你想帮他穿好衣服，他却到处闪躲，想必那会是一桩苦差事。也许你得关上门，甚至是锁上门，才能够成功地抓到他。

有时候，**你将他放在一个较高且他下不来的地方，或许会对事情有所帮助。**如果你确实这样做了，那就尽量和他聊聊有趣的事，避免涉及他是不是要留在那个高处的问题。要知道，即使你使出浑身解数，孩子还是会在“坚持自己来”和“要你为他做”之间不停转换。他在想到底要不要配合你穿衣服，如果他打定主意拒绝配合你，那么，哪怕是一个最简单的将手臂伸进袖口的动作，他也不会乖乖和你合作的。而在此时，**你的决定和动作的速度往往是至关重要的。**

尽管孩子在两岁时穿衣服的能力还不是很强，但他对自己的服装却很是得意，帽子、手帕，特别是鞋子。他会十分偏爱“新鞋”这个词，所以，想要成功地接近他，可以从他的“鞋”来入手。

两岁半的他往往和六个月前的他有一个共同点，那就是偏爱自己的服饰，特别是帽子和手套。他很可能会偏执地喜爱他所熟悉的服饰，无论新旧。对他而言，熟悉的衣饰几乎就像自己无法分割的一部分，而且他也许很难接受新衣服。有时候你会发现，**在陌生的环境里，很多孩子会依附他们的衣饰，甚至不愿意脱掉自己的外套。**

4. 学会制定规则 让孩子按时上床睡觉

睡眠对于年龄较小的孩子来说，无疑是件简单的事。通常，小孩子可能一边吃奶一边就睡着了；或者是将他放进摇篮里轻轻摇几下，他便安然入睡了。

❖ 怎样让两岁的孩子上床之后安然入睡

孩子两岁前可能不会出现睡觉的麻烦，但到他两岁以后，就会变得难以应付。白天他往往会比较温和听话，可一旦到了晚上睡觉的时间，难题便出现了。他会乖乖上床，可是上去没多久便又喊着要喝水、再抱一下，或是上厕所……

通常你很难分辨出哪些是他的真需求，哪些是他的“缓兵之计”（如果他是家里的第一个孩子，应付起来可能更加困难）。

如果只是喊叫也罢，要是孩子开始行动就更麻烦了。一旦他可以离开他的小床，便会频频出现在客厅。假如你的原则是：有些事可以让步，但有些必须坚持，那么在睡觉这个问题上，你的坚持态度显然是正确的。当你面对孩子的种种要求时，只要对他解释清楚，并做出合理的反应，事情自然就会“到此为止”。妈妈也许能够很好地解决这个问题，但此时如果能有爸爸坚定的声音，可能效果会更好。（注：有些妈妈并不赞同“爸爸坚定的声音”这种说法。但通常来说，爸爸的声音确实与妈妈的声音存在差异，它更加浑厚，也更具威慑力。）

与其为孩子的睡觉问题发愁，你不妨换一个思路，多考虑考虑他的要求，他喝过水了吗？是不是已经去过厕所了？他最喜欢带上床的玩具放好没？要是他怕黑，就在房间里点一盏小壁灯，或是挂一幅在黑暗中能够发光的小图画。临睡前亲亲他，道声晚安，这些对孩子入睡都很有帮助。换句话说，在孩子睡觉前留出一段时间来和他亲密相处，不失为一种很好的预防办法。

❖ 制定“规矩”能够帮助父母让两岁半孩子乖乖上床睡觉

等到孩子两岁半的时候，麻烦的时间就要提前了，也就是说，这时的他已经不愿意乖乖上床去了。要知道，两岁半左右的孩子对睡前活动的要求很强烈，这也就使得就寝问题变得更加复杂。处于这个阶段的孩子还有一个特点，就是凡事喜欢“一样”。所以，你可能要制定一套非常细致的就寝规矩，每晚按照细节逐一进行，孩子才肯上床睡觉。不过，忙完了一整天的家务后还要面对这一系列的规矩，难免会使你感到疲惫，特别是在你完全没有会意过来，孩子却不断提醒你某一个步骤必须要按“规矩”来时，你会觉得更加头痛。

因此，如果你制定的规矩中有“道晚安”这一项，那么最好将其细致到孩子要对家里的每一个人说“晚安”或是亲亲每一个人，同时就连亲几下、按照什么样的顺序等都需要固定。还有彼此所说的语句也要完全相同。

接下来是洗漱、脱衣服、上床，每天都要用同样的方式和顺序来完成每件事，如果你不小心把规矩打断了，那么记住，不要从被打断的地方接着进行，必须重新再来一次。

然后登场的便是睡前游戏。假如你无意间给他讲了三个故事、听了两段录音、陪他一起做了运动，那接下来的每一天他都会要求你这样做。

制定“规矩”的确能够帮助父母让主见强且相对顽固的两岁半孩子乖乖上床睡觉。但是，明智的父母一般会在刚开始的时候就尽可能不让太多的规矩发展出来，以免掉进“圈套”。

有些孩子会比较固执，他需要在每晚临睡前将所有的玩具按照一定的顺序排列起来，还有一些则对带什么玩具上床极为顽固。一般情况下，让孩子抱一个他最心爱的玩具就可以了。我们所了解到的一个小男孩，每晚都需要准备好一把槌子、一个青椒和一支很尖的铅笔，才肯上床去睡觉呢！

也许你会问，这些规矩需要一直存在吗？当然不会。通常在孩子三岁左右的时候，就不那么注重就寝规矩了，但凡事总有个过程，它并不会像我们所想的那样立刻结束。如果你有意跳过其中一个麻烦的步骤，而孩子并没有发觉，那就不用再“补”上了，因为此时的他已经慢慢变得不那么执着了。

两岁或两岁半的孩子通常都睡得很沉，轻微的响动一般不会对他们造成影响。

他们偶尔也会受到梦的干扰，但很快就会在父母的抚慰下重回梦乡。

倘若他希望能和你们睡在一起，你最好按照孩子的性格区别处理。如果他是个个性随和的孩子，你不妨对这种偶尔提出的要求予以接受。但如果他偏执强硬，你最好不要轻易答应他的要求，因为一旦“现在”你做出了让步，就会有更多的“以后”在等着你了。

对多数父母而言，就寝前的所有建议都可谓“知易行难”。大多数孩子也许会睡得很好，但此时只要有一个孩子发难，就会给你带来不小的困扰。

通常，两岁或两岁半的孩子上床准备睡觉的时间是在晚上八点到九点之间，之后酣睡十一个钟头（不出意外的话）。运气好的时候，孩子睡醒后会自己先玩一会儿，算是在做他起床的“准备工作”。你最好能帮他预备一些书或玩具，这样就能让他自己找到乐趣，且又不会打扰需要睡眠的你了。很多父母错误地认为，如果让孩子睡得晚一些，他会相应地起得迟一些，但往往事与愿违，有些孩子上床比平时晚，醒得却比平时早。

5. 孩子的午睡时间不要超过两个小时

很多妈妈觉得孩子的“午睡”是这一天当中的黄金时间。的确，良好的午睡习惯不仅能给孩子带来放松，同时也能让妈妈有一小段休息的时间。

大多数两岁左右的孩子都很喜欢午睡，有时他能睡两小时甚至两小时以上。但到他两岁半的时候，可能就要麻烦一些了，因为现在的他已经能够自己爬出小床。不过你也不必太担心他的安全，只要在地板上留出一个比较舒适的地方来让他睡就可以了。

通常，孩子午睡刚醒的时候会表现得有些烦躁，这时候，你最好先在屋里走动走动，或是制造出一些响声，尽量避免立刻直接去接近他，直到他完全清醒为止。

绝大部分孩子的午睡时间保持在一两个小时，但超过两个小时，你就得叫醒他了，因为过长的午觉会影响孩子夜间的睡眠。

6. 认真地对孩子进行大小便训练

通常很多父母会在孩子快满三岁的时候，就开始认真地对他进行大小便训练。尽管此时的他知道什么时候应该上厕所，但仍旧很难保证整天不尿湿。如果午睡醒后没有尿湿，就说明在白天中的其他时间段里，也有保持干爽的可能。在这一年里，很多孩子都可以做到不尿湿，因为他已经能够自己控制大小便了。

其实，不少父母会发现，在孩子两岁或是两岁半的时候，如果他们能够坚持并努力对孩子进行大小便训练，他便能够在白天的大部分时间里不尿湿，而且这时孩子是知道自己要求上厕所的。就算父母的要求不严格，孩子也明白父母希望他怎么做。一旦孩子有了这个能力，他就会非常乐意去坚持。很多细心的妈妈还会发现，孩子两岁左右时，如果随时准备一个牢固的小凳子放在马桶前，会对孩子自己上厕所有很大的帮助。

有些父母认为孩子晚上尿不尿床没什么差别，事实上并非如此。有的孩子如果不尿床确实能够一觉睡到天亮；有的则需要叫他起来上厕所。也有一些孩子明明晚上有被抱去上厕所，但早上起来发现他还是尿床了。“到底要不要在抱孩子起来上厕所时叫醒他”这个问题一直是父母们争论的焦点，许多父母认为，如果不把孩子叫醒，那么上厕所这件事基本上不会影响他继续睡觉。

在十点或十一点左右的时候，如果你发现孩子已经尿床了，那表明他也许还不能很好地控制自己，就算晚上抱他起来去厕所也没什么效果。因此，一些父母不管是否会抱孩子起来上厕所，都会提前给他穿学习裤或尿不湿。

❖ 孩子两岁的时候就很少会把大便拉在裤子里

孩子两岁的时候就很少会把大便拉在裤子里了。有些孩子偶尔隔一天大便一次，如果妈妈不特别坚持要孩子每天一次的话，事情会相对顺利得多。

另外，男孩比女孩意外大便的情况可能会多一些。要知道，这也是这些孩子控制妈妈行动的方式之一。如果孩子不是真的有问题，而是缺乏训练的话，我们建议家长使用“浴室地板铺报纸”的方法。你估计孩子大概有便意时，就帮他脱好裤子并告诉他，他想大便的话，要蹲下来拉在已经铺好的报纸上（不过，如果他的时间不固定，这种法子就行不通了）。等他能够自己在报纸上大便以后，你就可以开始训练他用马桶椅，最后再换成真正的马桶。

倘若这么大的孩子还会把大便拉在裤子里，而你继续给他使用尿布无疑会省去不少清洗的麻烦，但终究不是长久之计。

事实上，如果孩子不是怀有抵触心理而故意不配合的话（即利用这样的差错来和妈妈作对），大小便训练往往很快就能完成。

特别是女孩，她白天可能会隔很长时间才小便（有时五个小时，甚至十个小时）。也许你没注意到，有时她会隔上三天，也许更多天才大便。这时就需要有人出来提醒她，切忌拖延得太久。

你也可以用玩水这项孩子喜欢的活动来帮助他排尿。还可以尝试在他们坐在马桶上的时候，给他们读书，这样能够营造轻松的气氛，也有利于直肠蠕动。另外，为他制作一些通便果汁，或是偶尔用一些小儿科医生开的特殊通便药，也很有效。

最重要的是足够的关爱和照顾——心智能力的发展

孩子的心智或智力是不需要你特别帮助的。如果出生后他的智力正常，你只需提供给他恰当且丰富的玩具、小儿书和一些喜欢玩的东西就行，另外每天在忙碌中抽出一部分时间，给他关爱和照顾，孩子的心智自然会健康正常地发展。

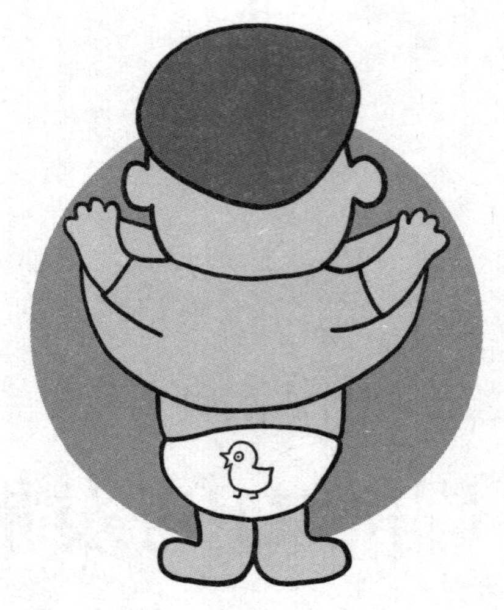

本阶段孩子的主要表现

幼儿期的孩子也有他自己的内心世界，只是成人往往猜不透。所以，我们经常会听到父母们说：“真搞不懂他的小脑袋里到底是怎么想的？”

不过，这些困惑最终都能解决。因为可爱的孩子会用他自己的方式来告诉我们。比如“说话”就是这个年龄段的孩子最直接的表达方式。孩子到了两岁至两岁半，他掌握的词汇足以把他的思想表达清楚。

其实，在两岁之前，孩子还不太会说话的时候，我们已能了解他的意愿。就像阿诺·格塞尔博士常说的：“心智显现其真貌。”婴幼儿做的每一件事，差不多都是他心智的外露。婴儿在地板上玩耍时，看到了远处漂亮的小球，他会试着舞动双手并移动两膝，爬向小球，然后把它拿起来。他的这一系列活动，都说明孩子的心智在运转。他用不着说话，我们已经明白了，他看到了小球、想拿到小球并且付诸了行动。

最近几年，一些有关孩子认知发展和心智发展的报道频繁出现，以至于父母们大都认为，心智是刚刚被发现的一个领域。有些权威人士还大肆提倡，要发展孩子的心智，需要父母为孩子多做一些特殊的事情。

出于对孩子的关心，你一定会照做。根据孩子的兴趣去准备玩具、幼教音乐和图画书；你也一定会悉心地跟他说话、做亲子游戏、带他去感知世界，为了他可以说是煞费苦心。

其实，你没有必要把自己搞得这样累。孩子的心智或智力是不需要你特别帮助的。如果出生后他的智力正常，你只需提供给他恰当且丰富的玩具、小儿书和一些喜欢玩的东西就行，另外每天在忙碌中抽出一部分时间，给他关爱和照顾，孩子们的心智自然会健康正常地发展。

曾经有人这样断言:“孩子的智能和后天的教育成正比。”这种说法非常不恰当。事实上，孩子的心智并不取决于后天的努力，当然，这并不是说成人对于孩子的心智能力发展就可以置之不理。那么到底应该怎样去关心孩子的心智发展呢？有兴趣的话，就让我们一起看看大多数幼儿是如何发展的吧。

以下是我们通过观察、研究两岁孩子的表现，总结出来的他们在时间观念、空间概念、数概念、幽默感、编说故事能力和创造力方面的特征。

1. 时间观念：形成次序感

时间观念对于孩子来说很抽象，父母也觉得没必要了解两岁孩子的时间观念。事实上，为了能更好地处理孩子的日常生活，了解两岁孩子的时间观念是有必要的。

❖ 两岁——初步形成先后次序的观念

一岁半的孩子只对“现在”感兴趣，“以后”这个词，对他来说没有什么意义。两岁孩子也没有大区别，只是对“一会儿就行”“马上好”“等等”“很快就来”这些说法有一定的接受能力。

因为两岁孩子只关注“现在”的状态，所以对表示现在的词汇一般也能理解，比如“现在”“今天”。对未来的事情，他的叙述方式一般是说“要不……”“等一会儿”。而对“过去”的叙述，一般是没有的。

先后次序的观念在他的小脑袋瓜里也初步萌芽了。如果大人对他说“先把酸奶喝完再去玩玩具”，他是能听懂的，知道先做什么。

❖ 两岁半——掌握表示不同时间的词汇

到两岁半时，他的次序感就更强了。他会说：“喝完果汁后，去玩黏土。”别人向他讲解先做什么后做什么时，他也明白。这个阶段，大多数孩子掌握了表示不同时间的词汇，甚至能说出二十个或二十个以上的时间用语。

对于表示“过去”的词汇，他也有了认识。可以说，他能较清楚地运用时间用语了，而且每一种都可以说出两三个。比如：表示“现在”的词汇他知道“白天”“早上”和“下午”；表示“未来”的词汇他知道“有一天”“一天”“过一会儿”和“明天”；表示“过去”的词汇会得不多，一律说成“昨天晚上”，而不会说“昨天”这个词。

对刚发生的和很早就发生的他还不能区分；年和月的观念更不在他的范畴之内；“星期几”由于听得比较多，大多数孩子会随口说出来，但一般不正确。

2. 空间概念：家长多提问有助于孩子对空间的认识

孩子在一岁半时会说的空间词汇只有“上面”或“没有”，到了两岁就有了很大进步。现在，他会使用的空间词汇增加到了十来个，比如：“那里”“这里”“那边”“外面”“楼上”“回来”“走开”“掉下来”“转过去”，等等。虽然两岁不是孩子发展最快的年龄，但达到这样的水平已经不简单了。

随着他会使用“里面”和“外面”这两个词汇后，他对“装东西用的”和“装了什么”这两句的意思也慢慢熟悉了。不过，两岁半的孩子，也照样会犯把两条腿伸进同一只裤腿里的错误。在空间词汇的使用上，他们有时是自主说出来，有时只是在回答大人的问题：“帽子在哪里？”“妈妈在哪里？”“你想在哪里睡觉？”父母适当的提问有助于他们对空间的认识。

大多数的孩子开始从物品的移动来学习“上下”和“左右”这两个空间概念。在进行情境测试时，多数孩子能根据要求，把球放在桌子上、拿到椅子上、递给妈妈。如果你示意他递给其他的人，他也会办到。唯独办不到的，是不能完成把球放到椅子“下面”或“旁边”的指令。

❖ 两岁到两岁半——空间词汇扩展得最多

两岁孩子的空间拓展能力使他喜欢走在高一些的地方，比如马路的沿石和花坛的矮围墙上，他喜欢在这里冒险。虽然他们从一岁半就开始喜欢在墙边玩耍，但大多数孩子到了两岁以后才会说“墙”这个字，两岁半以后才知道什么是“角落”。

到了两岁半，孩子的空间感已经相当明确。在物品的摆放上，他已经有了自己的想法，他会要求大人按照他的意愿来安排，除了肢体上示意以外，他还会说“放在这儿”或“放在那儿”。

从两岁到两岁半，他的空间词汇扩展得最多。也就是说，在这个年龄段，主要增加的是空间词汇，就像两岁半到三岁之间主要增加的是时间词汇一样。带有空间词汇的短语他也会使用了，比如，他可以明确地说出“在外面”“爬上去”“在这儿呢”等。这些空间词汇的准确运用和这个年龄段顽固的行为特点（说怎样就怎样）非常吻合。

❖ 两岁半——对周围环境具体的位置有了基本认识

同时，大多数两岁半的孩子，都渐渐清楚了家里物品和个人物品的摆放位置。

他渐渐地对距离产生了兴趣，常说的是“远”和“很远”这两个词，他有时候会把附近的城镇说成是“到北京去”。

散步的情形也和原来不一样了，原来他只是高兴地随便转转，现在他散步变得有想法有目的了。一出门，他心里早就有目的地了，而且还特别在意周围的空间环境，所以每次他都要求走同样的路线。

两岁半时，他对周围环境中物品的位置有了基本的认识。当你问他“小鸟住在哪里？”“哪儿有大汽车？”“飞机在哪飞？”等问题时，他会做出比较合理的回复。当你问他家在哪里时，他会用手指指大概的方位。真正能用语言准确地说出街道所在的位置，要等到三岁。

对于空间问题的回答，起初他都是笼统地说，但很快就能说得比较具体。比如两岁时，你要是问他：“你在哪里睡觉呀？”他一般会答：“在家里。”或者说“睡我的床”。等到了三岁时，他们的回答会变成：“在我的房间。”你要是问他：“妈妈在哪儿做饭呀？”两岁时他们会回答：“在家。”两岁半时，他会改成：“在燃气灶上。”

3. 数概念：了解更多与数量相关的词

❖ 两岁——除非有特殊训练，否则对数字的概念不会超过“二”

数字对于两岁的孩子来说是抽象的，但是他会区分一个和多个的不同。当你给他一个球后，再给他第二个，他会拿起来说：“两个球。”他偶尔还能分出“两个”和“两个以上”是有区别的。但一般说来，他对数字的认识也仅限于此了。除非对孩子有特殊的加强训练，否则他是不能超过“二”这个数字概念的。

❖ 两岁半——语言中出现更多与数量相关的词

两岁半的孩子对“多数”的表达方法是这样的：如果孩子称第一个东西为“球”，他就管其他同类的东西称作“好多球”“还有球”。大多数两岁半的孩子会用“二”了，也明白“一”和“二”的不同，比“一”多的他都会说成“二”。大约到三岁时，他才能弄清楚“三”。

因为两岁半的孩子性格很顽固，他想怎样就必须得怎样，所以，如果拿饼干，他就要拿两块，一只手一块。如果他的饼干碎了或是被人咬了一口，他会大发脾气，因为他要求自己的东西必须是完整的。

大多数两岁到两岁半的孩子的语言中已经出现了“别的”“大的”“小的”或“多”这些与数量相关的词，但他对数量的概念是模糊的，当你拿起两个大小不同的物体让他区分时，他还不能分辨出哪个大、哪个小。

4. 幽默感：两岁半是最佳培养时期

“幽默感”是彰显人格魅力的重要组成部分。然而，人的幽默感起步是比较晚的。我们都说，婴幼儿的微笑是天真的，是因为他们的微笑中流露出的是友善、开心、快乐、舒服，而没有太多的诙谐成分。

❖ 两岁——没有太多的幽默感

到了两岁时，他的幽默能力有了初步的表现，但显得很稚嫩。两岁的孩子和大人们一起玩游戏时，“微笑”基本上就是孩子的语言，他用这种微笑来亲近大人。此外，孩子们在做较剧烈的运动（比如捉迷藏、互相追赶）时，他们也爱微笑。在游戏的过程中，他不怎么说话，只是用友善的微笑来表达自己的情感。

当孩子亲近地和大人讲话时，他的微笑始终会洋溢在脸上。他的这种微笑只是在告诉大人，他玩得很开心，而没有什么幽默感和想象力可言。

不过，有时候我们会看到他的一点幽默感。当他看到不一致、不协调的事物时，他会表现得很开心。如果一个两岁孩子看到了一个人身上有异常的穿戴，他会感觉很好笑，同时还会感觉很困惑。如果他看到你把手套戴在脚趾头上，他先是笑一会儿。随后，他会故意把饼干放在耳朵里，然后自己就笑起来。他也许会故意把夹克反过来穿，以寻找乐趣。

两岁的孩子能从较激烈的活动中获得很多的欢乐，但是，这些快乐的来源并不都是友善的。在玩的过程中，孩子们之间会有小摩擦，一个孩子可能会给另外一个孩子玩具，然后故意抢回来，或者故意抢其他人的东西，这些行为，也会给他带来快乐。在所有的游戏中，捉迷藏是孩子最友善，也是微笑最多的游戏。

❖ 两岁半——培养孩子幽默感的最佳时期

两岁半的孩子比两岁的孩子更爱交流，他离开自我的圈子，融入了人群中。别人笑的时候，他也会跟着笑。当他和成人及小朋友们在一起时，他仍会主动向成人微笑，以此作为和成人交流的方式。对另外的小伙伴，他的交流方式多半还是肢体语言，很少去讲话。

孩子主动和大人说话的时候，一般情况下是希望引起他人的注意，让别人注意一下他的行为、他拿的物品、他做的趣事或他完成的作品。孩子和其他小伙伴的语言接触一般都有：随意的发音、哼唱、重复说一些词、发怒和说让人生气的话。他经常对小伙伴说“好玩”和“笨蛋”这两个词；有时互相拥抱，有时互相攻击，不管怎样，他们都是微笑的。他喜欢和其他孩子一起活动，比如坐汽车、骑小马，此时微笑始终会在他们脸上。如果做动作时加上了语言的表达，他会觉得自己很了不起，也能够引起孩子的笑声。

现在我们列举一些两岁半孩子的幽默行为：

◇ 本末倒置：在衣橱里睡觉，倒骑玩具马，大喊他的早餐是桌子，把衣服反过来穿。

◇ 搞恶作剧：先友好地递给别人一个玩具，继而把它抢回来。

◇ 小意外：跌倒，故意从椅子上溜下来，把自己困在椅子里，骑儿童车翻倒，和别的小伙伴打架，撞到其他孩子的玩具……只要他感觉不疼痛，这些行为发生时他都会微笑或大笑。

◇ 创设情境：一个孩子敲门，另一个孩子去开门，开门后他们都会大笑，做几次就笑几次。

◇ 想象力：和孩子玩过家家时，他先告诉你他在“街上”，转而又说他“回家了”，他为他的跳跃思维而大笑。当他拿着木棍当马骑时，你要说一句：“哈哈！我们的小白马跑出来喽！”他会立刻哈哈大笑。

◇ 出人意料：本身不幽默的事情，如果突然发生了，两岁半的孩子也会感觉很好笑的，比如杯子倒了、玩具掉了、饼干撒了一地，他都会感觉很新鲜。

◇ 假装：有的孩子玩的时候会装哭，他感觉这样很好玩。

◇ 幽默的语言：他已经能清楚地发音了，但有时会故意用小孩子的语言，含糊的发音会使他高兴。大多数孩子都喜欢怪异的话。如果大人说的哪句话较特殊，尽管他不明白话的意思，他还是会尽力去学，然后重复地说。两岁半的孩子，对大人提出的幼稚问题特别感兴趣，当父母用幼稚的语言和幼稚的行为与他交流时，他都会欣然接受或模仿。

所有的父母都觉得了解孩子是一大乐趣，在了解了孩子兴趣所在后心情也都很愉悦。与此同时，父母们要注意拓展孩子的兴趣、增添幽默的情境。大多数父母都喜欢见到孩子幽默能力逐渐增强，因为较强的幽默能力，可以为他们排除许多紧张和困扰，可以使孩子受用一生。

5. 编说故事：想象能力培养的好方法

在孩子两岁时，父母觉得他很小，哄他玩时，一般是给他讲故事，而不会要求他给你讲个故事。其实，你不妨试试，让他给你讲一讲。因为你之前已经给他讲过很多故事，所以你说故事时，一般情况下他是听得懂的。如果他不能马上开始，你可以提示一下，你的故事里有什么人呀？

这时一般他会说出“小男孩”或“小公主”，就不说话了。你可以继续引导他，“小公主做什么去了？”这时，他可能会继续说下去。如果还不能，你可以过一两天再试试，一直坚持试下去。

❖ 两岁孩子的词汇有限，讲故事没什么逻辑性

因为两岁孩子掌握的词汇是非常有限的，他不能按照父母的意愿来讲述故事，也在情理之中。做父母的也不用着急，顺其自然就好。当他长到两岁半时，他不但非常乐于给你讲故事，而且也乐于用语言去表白他的想法、他做的事情。这些先前你都一概不知。

如果孩子给你讲了一个十分钟的故事，你会发现故事的语句大都比较简短。更让人感到惊奇的是，他的故事里中竟然有暴力成分。我们的调查研究表明，小女孩的故事经常会提到“打”字；小男孩的故事里则经常提到“跌倒”和“打碎物品”，或者说“东西坏了”。在故事中，这些遭受暴力的对象一般是他熟悉的人，以兄弟姐妹居多。

故事中的父母基本上都是和蔼可亲、善良慈祥的。小女孩讲的故事情节中，主角多半是妈妈，自己位居第二；小男孩讲的一般都是和男孩有关的故事，其次是讲一些小孩子的故事。

两岁孩子所讲出来的故事，是没有什么逻辑性的，角色也会经常转换。同一个故事，主人公可能是小女孩，一会儿就换成了小兔子，或者会换成猴子，也许会换成巫婆，其间

不加修饰，都是直接过渡。当然故事的情节也很少，大多数都和他的生活环境类似，都是写实派的。

在故事中，孩子的自我保护意识都很强烈，任何有危险的，出意外的坏遭遇都发生在其他人身上，或者是兄弟姐妹，或者是小动物。这些故事人物如果生病或死亡了，是可以很快康复或者复活的，所有被破坏的东西也都能修好。

下面给大家列举一个两岁男孩编的故事，很具有代表性：

“车车，坏了。不走了，不能开了。修修，能走了。轮子，我修的。车车很快。”

再看这个表达能力极强的两岁女孩讲的故事：

“有个小公主，她被小白兔吓了一跳。有个树林，兔兔在吃红萝卜。小白兔把小公主吃掉了，然后猴子跑出来，猴子咬小白兔。兔孩子困了，就觉觉了，后来又醒了。巫婆走来，偷了兔孩子，被巫婆吃了。狐狸杀了巫婆。他们想把巫婆关起来，先抓住她，就关起来了。”

如果你很想探知和培养两岁孩子的想象能力，就引导他给你讲个故事吧！

6. 创造力：在日常生活中就可以培养

我们平常说“创造力”，一般指的是编故事、写剧本、搞艺术、搞创作等。其实，创造力可以体现在生活的方方面面，幼儿也不例外。除了平常独立的画一些手指画之外，在两岁孩子的日常游戏中，创造力也可以充分体现出来。

❖ 培养创造力的道具

给孩子几个芭比娃娃，再给他一些彩色布条、服装、帽子、梳子等，他会运用这些材料，给芭比做不同的装束，比如他会把布条缠在芭比娃娃的脖子上。

给他一些家用设备道具，他都可以根据日常见闻来做有创意的孩子游戏。如果你给他一个可以容下他的大箱子，他就会把它当成房子、轮船、汽车、飞机，还会安排些唾手可得的东西放在里面。只要你善于利用，很多物品都可以激发两岁半孩子的创造力。

❖ 通过提问培养创造力

培养孩子的创造力，也可以不用任何道具，你可以问孩子一些问题，比如：你最想当什么？你有什么愿望？你想把它怎样？你还可以让他扮演狮子、企鹅、小狗或是小花猫，学它们的叫声或是学它们的姿势。

诚然，不同的孩子是有个体差别的，有的孩子创意和想象力丰富些，有的就比较实际些。不过，再实际的孩子，只要你能给他最恰当的引导，积极地去分享他的快乐，他的创造力也会与日俱增的。

因材施教——两岁孩子的个体差异

因材施教不仅要在上学时实行，还要从小实行；因材施教不仅要根据孩子的不同性格采取不同的教养方法，而且要详细分析孩子的身体、健康、性别，然后区别教养。本章提供的就是不同科学家给家长们提供的因材施教的不同方法。

本阶段孩子的主要表现

我们前面描述过很多两岁的孩子在平时生活中的各种表现。不过，我们始终需要记住的一点是，每个孩子都不一样，他们很多方面都有差异，哪怕是亲兄弟，就连双胞胎都不尽相同。

任何一个孩子都是独立的个体，每个孩子在成长的过程中，有着自己的速度和步调。所以，可能你有一个女儿，她在两岁的时候就话很多；也可能你有一个儿子，他长到两岁半，甚至是三岁会说的字词都很少。孩子的行为发展在年龄上有一些差异，因此，你用不着太担心。两岁的时候，只要他能表达清楚自己的意思（哪怕是用肢体语言），能听明白别人对他说的话，即使他会的字词少，也不怎么说话，你也不用着急。

从不同孩子的行为表现上，我们知道了“个体差异”的存在。所以，有的孩子可能社会性较强，喜欢和人接触，爱和别人说话；有的孩子可能比较害羞，对生人有些胆怯，只和他很熟悉的人说话。

对于新鲜的事，他可能乐于了解，也可能因为害怕而躲开很远。做事的时候，可能你需要先提醒些什么，也可能在最后再说更好。可能他了解自己，大胆追求他想要的；也可能他不明白自己，做起事来总是小心谨慎。

也许你的孩子不高兴时会大发脾气、厉声尖叫、大哭不止、踢打身边的东西。或许你的孩子只是眉头紧皱、不说话、小声啜泣，如果事情发展不顺利就中途放弃。

有的孩子在听话的年龄就十分温顺、乖巧，在不好照顾的年龄就很叛逆、捣蛋；有的则和该年龄期的正常好相反。有的孩子一直很安静、懂事；也有的孩子从来都很调皮、不太听话。

在一些个别行为上，拿“喂他吃饭”来说，不同的两岁孩子表现就有很大的差别。有些难以照看、爱惹麻烦的孩子，就是在家里和家人一块吃饭，你喂他吃都很费劲；而有些乖巧听话的孩子，就是在外边和陌生人一起也能吃得很好。

任何一个孩子都有自己独特的个性，不但在行为表现上有自己的特点，就连反应方式也有自己特殊的一套。波士顿的贝瑞·布拉兹尔顿博士说得很对——每个母亲和自己孩子搭在一起，就是一个非常特别的组合。要是你有两个或是两个以上的孩子，你就会很明白，有的孩子和你相处得很好，有的简直就把你当成他的仇人。

有的孩子从刚出生就很好照看，妈妈感觉很轻松，很有信心能照顾好他，处理起他的事来效率很高。但那些开始就不好带的孩子，妈妈照顾起来很费劲，在处理他的事上缺乏成功的经验。对于照顾好他，妈妈没有信心，而越照顾不好他，他越调皮，甚至形成恶性循环。

要是你正好碰到这类难以照管的孩子，你一定不要责备自己，因为这并不能说明你没有当好妈妈或爸爸。有的孩子照顾起来，大家都觉得很容易；有的孩子，一些人照看起来很容易，一些人照看起来很麻烦；还有的孩子则是人尽皆知地不好带。

所以，要是你的孩子比我们说的那些乖巧听话的孩子表现得还要温顺、成熟，那么其中有很大一部分功劳是你自己的，另外还得感谢上苍。要是你的孩子比我们说的那些调皮、麻烦的孩子表现更糟糕，那也用不着责备任何人，要尽自己最大的努力，千万要有耐心和信心。如果你觉得有必要，又有经济能力的话，也可以请他人帮忙。

1. 孩子的表现会因性别差异有所不同

有儿有女的爸爸妈妈都知道，孩子的各种表现和性别也有关系，这就是所谓的“性别差异”。一般人都认为这种差异是确实存在的，但是，背后的根源我们现在却并不了解。以前有“遗传因素所致”的说法，现在，很多人都承认，社会的期望和不合理的社会模式是很重要的原因。

这么来说吧，我们希望男孩有“男孩子气”，于是我们示范给他看，要求他学着做。在他表现出“男孩子气”时，我们赞美、鼓励他；要是他的表现有“女孩子气”时，我们就会提醒甚至惩罚他。当然，女孩也不例外，尽管我们并不完全反对她有“男孩子气”的表现，但更多的时候我们会说

“你要做个‘小淑女’”，并告诉她女孩该有“女孩子样”。

今天，很多家长已经不再那么要求孩子了。他们煞费苦心，想告诉他们的孩子，男孩温顺随和也不错，女孩大大咧咧、坚强上进也没什么不好。很多关于孩子的书籍，也尽可能不再传递这种区分性别的固化模式。

随着时间的流逝，用这种新的教育方式教育出来的孩子，是怎样的呢？想必肯定非常有趣。

❖ 女孩发育一般比较早

很多人都承认，小女孩照顾起来要比小男孩容易。女孩比较温顺、听话、乖巧懂事。同时，一般女孩成长发育得快，她们学会走路、说话、自己上厕所、吃饭穿衣服都比同龄的男孩早。这些早的表现加上语言能力较强，再加上她们一般对人比较感兴趣、爱取悦他人种种因素，使得小女孩照顾起来比小男孩容易。

说到女孩发育早，不仅表现在开口说话上，就连字词她们都比小男孩会的多。女孩对人比较感兴趣，而男孩则对东西比较感兴趣。男孩的行为表现比较激烈、比较直，女孩则复杂、婉转得多。而且，女孩一般要比男孩听话。

两岁孩子并不具有多强的社会性，相比之下，女孩的社会性要比男孩强一些。在对娃娃的兴趣上，一般来说，女孩更强烈，虽然有时男孩也玩。还有就是，女孩一般更安静。

在适应集体环境方面，男孩似乎比较困难，争抢东西的事也多发生在男孩身上。在生活中，他们似乎也常表现出紧张行为，比如他们会吸咬手指等。

❖ 编故事方面的性别差异

虽然是两岁的孩子，但从他们编说的故事中，我们看出的性别差异也是十分显著的。女孩经常会说到“人”，特别是“妈妈”提到的最多，她自己则是第二位的。在男孩编说的故事里，他自己则是主角。

两岁的男孩和女孩虽然对母亲的感觉大致相同，但就从他们编说的故事来看，男孩的感觉主要是妈妈温柔和蔼，而女孩则多了些对父亲欣赏的感觉。

两岁女孩编说的故事要比男孩的长，另外其中有较多的以社会化看法为中心的情节，而不像男孩一样总是以自我为中心（六七岁以前男孩大多是这样）。

2. 同一个团体中的孩子也会有不同表现

❖ 多观察有助于父母带好孩子

大部分年轻人在没有做爸爸妈妈以前，也许不会去看或是留心观察一群孩子在一起互动的情形。不过不要紧，在幼儿园你会有很多这种观察的机会，你可以借此了解同龄孩子之间的不同之处。

如果有机会去观察一组两岁孩子，你会发现，这一组里有些孩子对妈妈的依赖性很强，他们会紧紧黏着妈妈好长时间；而另外一些孩子则非常独立，不一会儿，他们就离开妈妈，自己在游戏室中独自玩耍了。

在一组孩子里，你会看到几个安静、沉默寡言，手里不停摆弄东西的孩子，你也会看到另外几个活泼好动、很爱说话的孩子。两岁孩子在说话上，大都是自言自语，不过，跟大人和其他小伙伴说说话、套套近乎也是偶尔发生的事。

在他们中间，也有既爱和人交流，也爱摆弄东西的孩子。这类孩子在遇到一些小问题时很容易解决。当然，也有既不爱和人接触，也不爱把玩东西的孩子，这样的孩子似乎和身边的世界有些过不去。

去幼儿园或很多孩子聚集的地方观察观察，可能会增加你带好孩子的信心。因为只要你以客观的眼光细致地看，你就会发现在照顾孩子的问题上，绝不只有父母好坏的因素。

❖ 尊重和引导最重要

你需要明白，每个孩子都有自己的个性特征。你该怎样对待他，关乎他的成长发展。但是，这并不代表你可以理所应当地去“制造”孩子的人格。你需要做的事，是尊重并引导他。

你是否也遇到过这些麻烦？——源自妈妈们的真实故事

不同的孩子在成长过程中会表现出一定的规律和特点，很多孩子在同一事件上出现了同样的让父母棘手的问题。为了帮助父母解决这些问题，我们特意挑选了一些有代表性的妈妈来信进行分析，相信对读者会有所帮助。

1. 孩子不仅吸吮大拇指，还有卷扭头发的习惯，怎么办？

读者来信

我们的宝贝杰瑞，是一个仅有两岁两个月的男孩儿，在他还是婴儿时就喜欢吸吮大拇指。渐渐地，他头发长了，就又养成了卷扭自己头发的习惯。尽管在一岁四个月的时候，我们给他剪了一个清爽的小短发。但还是在三个月之内，被他自己卷扭成了秃头。

我们找了信任的医生请教，可是他的回答是，这是一种婴儿的习惯，慢慢会改掉的。可是，事情并没有像他说的那样发展。为了改掉宝贝的坏习惯，我们几乎用尽了办法，例如威吓、哄劝等，但是一点儿效果也没有，我们很担心，自己的宝贝会变成一个秃头的小孩儿。

有人猜测说，我们的小孩子一定是缺乏什么营养元素，可是，我和丈夫绞尽脑汁，也想不出孩子还缺少什么。我怕杰瑞都不理解我了，觉得我这个妈妈很挑剔。但是，他的身上确实有许多不好的行为需要纠正。

专家建议

又是吸吮大拇指，又是卷扭头发，两种行为同时出现，的确叫人很伤脑筋。一般而言，这样的孩子不太讨妈妈们的喜欢。

曾经出现过一种类似的情况，有的孩子喜欢一边吸吮大拇指，一边抚摸怀里的毯子。这种情况还不算太糟，毕竟是有办法解决的。因为过一段时间后，孩子的这种惯性需求就会被削弱，到那时，父母就可以将毯子从孩子怀里取走了。而你孩子的情况却不容乐观，因为受到损害的是孩子的头发，而不是毯子，所以在这件事情上你会倍感压力。

那个医生的说法是正确的。孩子的这个习惯会慢慢改掉，只不过到真正改好之前的过程却并不好过，因为在好转不久后，还有可能会恶化几次。

你给杰瑞剪了很短的头发，让他难以再卷扭自己的头发。这种方法固然不错，但能不能让杰瑞像女孩儿一样戴顶呢帽呢？那样的话，他卷扭的目标就不是头发，而是绒毛了。虽然小男孩在白天或许不愿意戴着帽子，但是到了晚上也许就会接受。

其实，用有柔软绒毛的玩具动物来引起孩子的兴趣，也是非常不错的方法。一旦他对此产生兴趣，就只会拉扯玩具的绒毛了。有时候，孩子卷扭自己头发有可能是为了消除紧张感。这时，你所要做的，就是消除孩子的紧张感。你可以增加他与你相处的时间。有时候，参加适宜的户外活动或许对他有帮助。过段时间，送他去托儿所，也是解决问题的方法。

父母想要从根本上解决孩子的问题，最好的做法，就是弱化对习惯本身的注意，把注意力转移到引起这个坏习惯的紧张感上。

2. 孩子害怕晚上入睡，怎么办？

读者来信

希望通过我小女儿的故事，让其他遇到相同难题的父母们得到解决之法。我的小女儿刚两岁时，因为要腾出婴儿床给她的妹妹，所以只好把她安排到普通床上去睡。而就在这段时期，她得了支气管炎。在她因为发烧而意识不清的时候，她见到了害怕的东西。

没过多久，她就完全陷入了自我的认知当中，总觉得有一头牛在她睡觉的时候跑到她屋里去了。

因此，每当晚上就寝的时候，我们总会听见她用甜甜嫩嫩的声音喃喃地说：“牛抓不着我，牛抓不着我。”很明显，她想要说服的不是我们，而是她自己。

我时常会想造成这种情况的真正缘由：难道是由于新换的单人床没有和婴儿床一样的护栏，使她感到不安吗？或者是在她发烧的时候，有一头牛吓着了她？

为了让她安心，我们会多找机会和她说话，而且，还会准备夜灯，带她去祖父的农场见识真正的牛，然后再和她谈心，让她不再害怕。可是，一到晚上就寝的时候，牛还是来了。

有一天晚上，我把她抱在臂弯里，温柔地说：“我没看见牛啊，来告诉我，牛在哪里呢？”听了我的话，她指着一张空床说：“就在那里。”

晚上入睡前，我们的例行事项是：先洗澡，后穿睡衣，然后讲故事，再上床；中间起来上个厕所，再返回床上去；还要起来喝一次水，再回到床上；最后起来到客厅看看。像这样的过程，很多家长一定不陌生吧。

这种惯例到最后非常容易让人恼火。可是后来我发现，如果就寝前我们能够在一个相对平和的环境中道晚安，那天就不会出现牛。

因此，我们改变了惯例。以后的每一天，她一到客厅里来，我就会亲自抱她回到床上，帮她盖好被子，倚在床头，陪她说说话。我轻声地告诉她，她有多么的可爱，对于我们而言有多么重要，自从她降生后我们是多么快乐，最后我会说：“宝贝，现在该睡了，晚安。”我没有提起牛，而她也没有。很快地，牛就永远消失了。

3. 孩子一刻不离玩具熊，正常吗？

读者来信

或许你并不觉得这种问题是问题，只不过我那仅有两岁大的女儿贝蒂，对于她的孩子——一只玩具熊，拥有一种很特殊的眷恋。贝蒂虽然吃得不多，人很瘦，却非常好动。她有一个弟弟，仅有八个月大，自从儿子出生后，我总会努力给女儿额外的关怀和爱，因此她并不忌妒弟弟，反而更爱护他。

贝蒂一直存在就寝的问题，也许得益于婴儿时期我对她的悉心照顾，所以她并没有吸吮大拇指的习惯，对其他玩具也没什么兴趣。在她九个月大的时候，就不再使用奶瓶了。但是弟弟出生后，她又开始用，一直用到一岁半，才又放下不用。

贝蒂对“孩子”可以说是非常依恋，就算上床，也要它陪着。对于这种现象，我的朋友建议应该阻止，孩子应该好好睡觉，而不是玩玩具。贝蒂会把玩具摆放在她的周围，玩上很长时间才会入睡。我允许她的这种行为，是不是错误的呢？就连她吃饭的时候，也不能缺少“孩子”。什么玩具也不能代替“孩子”的地位，她对一个玩具这么依赖，是不是有什么问题？或者如我的朋友所说，她缺少什么吗？

专家建议

你把孩子对某种玩具或者物体的习惯性依赖，做了一场细致精彩的叙述。如果说孩子愿意在上床睡觉，或吃饭穿衣的时候，让心爱的玩具陪伴她，而且这样会令她的日常生活变得简单，那么，这未尝不是一个照顾孩子上的好方法。因此，你朋友的说法并不正确。当然，我们也不认同孩子就应该这样才是最好的就寝方式。如果孩子肯安然就寝固然是好事。可是你的经历已经验证了，没有那样具有安抚作用的物体，小孩子恐怕很难就寝。所以不妨继续允许她这么做，另外，你要多关爱她，让她慢慢减少对玩具的依赖。

4. 孩子是否真的需要如厕训练呢?

读者来信

对于我的女儿，我到底该怎么办呢？她是一个很尽职尽责的家庭主妇，也是一个十分称职的母亲。只有一点，她没能做好。就是我的小外孙已经两岁大了，她却还没有训练他大小便，直到现在孩子如厕的情况都很不好。

我曾经试着让她明白事情的严重性，可她却丝毫不放在心上，依旧放任事情恶化。我心怀愧疚，但也不知道该怎么办，因此感觉很难过。

专家建议

聆听了你的抱怨，我们可以确定地告诉你，你并不是唯一一个为此而苦恼的人。你的忧虑在年长一辈中非常普遍。现在年轻的妈妈们确实没有延续母亲那一代的一些训练方法，例如训练孩子大小便。

现在大多数妈妈们的做法是，等到孩子发育得差不多了，可以接受如厕训练时，才开始真正地训练他。被知名儿童心理学家和儿科医生极力推崇的做法是，孩子只有在具备能够达到父母期望的能力时，才能做好某件事情。现在流行的如厕训练法，就是配合这种理论来实施的。通常来讲，如果在孩子还不具备学习某事情的能力时就训练他，绝大多数的结果是得不偿失的。

假如两岁大的孩子可以在白天保持尿布的干燥，随后，你就会发现，孩子会很注意自己是否尿湿了。还有，他两次小便的时间间隔拉长了，直到睡完午觉醒来也没尿湿。由此可以看出，他已经做好了如厕的准备。这时候，妈妈训练他一定会奏效。

但是也有例外，发展缓慢的孩子起码要到六个月之后，才能保持不尿湿。如果妈妈非要在孩子一岁半的时候就开始进行如厕训练，或者在老一辈人的督促劝导下这样做，那么，最后的结果不仅会白白浪费你的精力和时间，还会让你感觉到教育孩子的困难。一般而言，发展缓慢的孩子要等到两岁半时，才能进行如厕训练。

如厕训练能否成功的关键是，孩子是否做足了准备，而不是母亲有多努力。大多数的妈妈都应该知道，孩子在两岁后，才是最适宜训练的时候。并且在训练中可以尝试一些新的方式，或者针对他的情况给他提一些建议，但是不能勉强他（与加了座奇的成人用马桶相比，孩子更喜欢小马桶）。

你作为外婆，必然有非常宝贵的育儿经验，但是，从孩子现在成长的情况来看，不要着急，耐心等待，才是对孩子的成长最有帮助的。

5. 孩子说话不清楚，怎么办?

读者来信

希望你能解答我的问题，让我放心。我有一个两岁三个月大的孩子，身体健康，性格活泼好动，而且非常聪明。他不仅很好地完成了如厕训练，而且平时在吃饭、睡觉时也很听话。只是有一点令我很担心，他似乎不爱说话。

他只会说类似“爸爸”“车车”“鸟”“狗”等词，而且发音也不是很清楚，经常叽里呱啦地自说自话。平时他指向某一样东西时，我们都会先清楚地告诉他这件东西叫什么，然后才拿给他。

他若想去厕所，就会拽着我们一起去；他想要喝牛奶，就会从冰箱里拿出牛奶杯，让你给他倒。他在理解一些事情方面，似乎表现得格外聪明。

不仅如此，他还会做些令我们感到惊喜的小事儿。医生，你能否告诉我，我的孩子说话不清楚，是不是有问题呢？他那种聒噪的说话方式，在这个阶段正常吗？

专家建议

你完全可以放心，根据你所描述的情况看，你的儿子不仅乖巧聪明，而且发育非常正常。也许他的语言发展缓慢，但是在同龄的孩子当中，这并不算奇怪。那种说话叽里呱啦的情况，一般出现在一岁半到一岁九个月之间。尽管你的孩子有两岁三个月了，但也只是比平均年龄稍微迟缓一些。

有一个事实我们可以告诉你，就是许多男孩儿在三岁之前，说话能力都不是很完善。所以，你完全可以放心，你所说的不会影响孩子的成长，而且他的智力方面也都完全正常。

6. 孩子霸占了所有的休闲时间，怎么办？

读者来信

我有一个两岁的儿子，名叫丹尼。最近，我们之间出现了一个愈渐严重的问题，令我非常苦恼是否有能力应对他。考虑到丹尼是家中唯一的孩子，而且没有什么机会接触同龄人，而我又常离家外出，所以我尽量将工作休息之外的时间空出来，陪他一起玩。我要么念书给他听，要么和他一起玩游戏，尽可能做一些令他开心的事。

可就是因为时常一起玩，我们之间才会出现

问题。只要我在家，他一定叫我一起玩，如果我没有兴趣，也很难对他说出“不”字。因为我一开始就玩得很勉强，那种无趣丹尼不会感觉不到，因此他也时常情绪很低落。

尽管我很不愿意拒绝他，但是我发现，我拒绝的次数越来越多了。只是我实在想不出，在我不想玩的时候，除了“不”，我还能说什么呢？结果事情的发展就是，我越是拒绝他，他越是要从我这里争取到肯定和接受。对于这个两岁三个月的男孩来说，能否使他明白，即使是常常不在家的爸爸，也有拒绝他要求的权利，但拒绝的同时，也不会误以为爸爸不喜欢他？

专家建议

由此可见，你同大多数负责的父母相同，对于孩子的各种要求过分纵容。如果你只是因为拒绝了孩子的要求就深感自责，那只能说明你太过看重孩子的要求了。

像丹尼这样的孩子是比较难以应对的（尤其对负责任的父母而言）。从你的描述来看，你的生活必须有规律，才能照顾到丹尼的感受。此时，你要订立一个表格，来好好安排他一天的生活作息，不仅让他有时间和你玩，还可以让你有清闲的时间。

像丹尼这样的孩子，最好住在大房子里。你要尽可能地偶尔避开他，然后在固定的时间段，非常专注地陪他玩儿。当你明白，你和他相处是在固定的时间段后，你的内心就会得到释放，在其他时候也不会为此而愧疚。这样一来，他就不会像以前那样霸占你全部的休闲时间了。

这类孩子，当只有一个人陪他玩时表现会很好。因为他较易引起家人之间的混乱，所以，你最好雇一名保姆照看他，以减轻你的负担。

7. 我的两岁儿子是天才吗？

读者来信

我想其他的母亲可能会对我儿子比利的事情感兴趣。我们的比利是个非常聪明的孩子，以至于我们想称他为“天才”。他的超常之处显露得很早，又有绝佳的记性，所以，虽然他现在已经四岁了，但是两年前我们的对话他还都记着。

像其他资质优异的孩子的母亲一样，我也怀着十分复杂的情感，一方面是骄傲和惊喜，另一方面是焦虑和恐惧，我们整日整夜地思索着该如何去配合我们的孩子。但是，这个问题并没有困扰我们多久，因为我发现他那十分优异的学习能力持续到三岁时，便开始逐渐降低了。按照他原本的进度，我估计他到三岁时还可以继续独占鳌头，然而，他那突出的学习能力却突然降低。如今，他都已经四岁半了，才刚刚显出一丁点阅读的苗头。

现在的他依然很聪明，很敏捷，他可以在玩具钢琴上敲出他听过的儿歌来。不过，比起两年前，可要平庸多了。我认为，照这样下去，不出两年，他必然会和其他同年龄的孩子没有什么两样了。

专家建议

收到你的信真好！你的来信提出了一个我们经常能够观察到的现象：许多孩子在两岁左右时，表现得非常突出，聪明惊人；在他们长大一些之后，虽然表现得还是很优异，但是的确不如先前突出了。

事实上，如果一个两岁孩子表现得非常超前，看起来像个四岁孩子（举例来说）的话，那么，他的智商就有可能超过两百。但是，如果是一个五岁的孩子表现得非常超前，看起来像个七岁的孩子的话，那么，他的智商可能顶多是两百。

不过，请不要担心，你的儿子未来也不会变得很平庸，他将一直是聪明敏捷的，就是在将来入学以后，在学业上大概也会有优异的表现。然而，诚如你所说，他的发展速度减缓确实属实。据我们所知，许多原本异常聪明的两岁孩子后来变得不那么突出了，尤其是到了四五岁时，就已经变得很平常了。这是个正常现象，不必慌张。

你的来信是非常有意义的，它有助于许多同样有着聪慧早露孩子的母亲们参考，他们常常会担忧自己家里有一个可能的天才，不知道该如何为孩子们的发展早些做准备。

8. 怎样告诉两岁孩子关于“死亡”之类的事？

读者来信

我相信，你对孩子们的整个成长过程都非常了解，正是由于这一点，我现在向你求助，希望你可以帮我想出一个合理的处理方式，而不致伤害到我们年幼的孩子。

事情是这样的，在我们这个儿子出生前，我们还曾经有过一个儿子，但非常可惜，那个儿子在一岁两个月时不幸夭折了。现在，我们的这个儿子已经一岁十个月大了，已经懂些事了，我们觉得是时候告诉他了，以免以后引起更大的麻烦。因为如果某一天，当他从别的孩子口中或是其他什么人口中得知此事后，会恐慌起来，担心他也会像他的哥哥一样死去，或者认为他在我们心中的地位会被另外一个孩子取代。

我们不知道该如何告诉他这件事，一旦处理不好，可能会给我们带来更大的困难。因为我就有过类似的经历，在我十岁那年，有人轻描淡写地告诉我，我母亲去了天堂。但我却不能平静下来，一连好几年我做着同样的噩梦，梦见我也去了那个叫“天堂”的恐怖地方寻找她。

我们现在非常想知道该如何处理这件事？现在告诉他会不会太早？还有会不会因为我们自己的情绪而把这件事夸大了呢？请你给我们一个答复。

专家建议

我们认为，现在就告诉你孩子他有个小哥哥在天堂，真的有些太早了。而且，你很有可能会因为自己的情绪而把这件事夸大。

等他再长大一点儿之后，找个十分自然的机会跟他讲些他哥哥的事可能会更好。比如说，你可以在给他看亲人的照片（包括小哥哥的照片）时，跟他提一提这件事。

如果现在你儿子已经知道了这件事，也许还有谈谈的理由。既然他还不知道这件事，那现在就没有告诉他的必要。

事实上，这件事对你的意义和对于你孩子的意义是截然不同的，对于你那自然是件大事，但对他却没那么重要。你孩子现在还没有发展出那么高级的情感，遇上这种事，他的反应不会大于你告诉他早已去世的祖父母时的反应。

9. 孩子不肯自己进食，怎么办？

读者来信

我写信向你求助。因为最近有个问题一直困扰着我，就是我的两岁半女儿玛达吃东西的问题。本来她自己已经可以独立进食了，但是情况在她的双胞胎弟弟出生后就不同了。她现在不但不自己吃（除非是她爱吃的），而且还严重偏食。我到底该继续喂她，以保证她的营养均衡，还是该由她自己慢慢学习呢？

专家建议

两岁半是个敏感的年龄阶段，这时候，玛达又有了双胞胎弟弟，问题就更难办了。但是，她有这种独立进食退化的表现，也很正常，所以你不要大惊小怪，也不要对这件事表现得过于在意。

孩子学习独立进食是一个非常自然的过程，你最好不要有太多的干预，你需要耐心等待和观察，等到事情出现转机，再采取策略也不迟。因为到目前为止，还没有任何迹象表明，你可以不用喂孩子吃饭了，所以，还请你耐心地喂她吃饭，同时不要把这件事当成一种巨大的压力，越轻松自如地处理，问题越容易得到解决。

10. 孩子不肯待在床上睡觉，怎么办？

读者来信

最近，两岁半的儿子艾瑞让我十分头疼。在过去的一个月里，他都不肯乖乖待在床上睡觉。他的个子已经不小了，可以随意地从我们为他预备的大床上下来，到睡觉的时候还是爬上爬下的。虽然我送他上床已经不早了，但他依然精力充沛，我前脚出门，他后脚就跟了出来，还高兴地冲我做鬼脸，喊道：“嗨，妈妈！”并且他可以这样连续做上十次都不累。

我尝试过许多方法，比如，给他讲故事听，给他唱歌听，甚至发出威胁等，但是没有一种方法奏效。

还有一次，他竟然半夜醒来，悄悄地走到狗窝，和狗一起睡下。当我觉察到时，我就再送他上床。然而，不过十到十五分钟的样子，他又躺到了狗窝里，就这样重复了好几次。

我真心希望你帮我解决这个问题，我已经拿他没办法了，而且我现在还有孕在身。

专家建议

这个年龄的孩子正是活泼好动的时候，想要他们安静地待在床上睡觉，可能真要费一番周折。即使你费尽心机帮他建立好一套就寝规矩后，他还有可能会以午夜漫游的形式，再次打破你的睡眠。

孩子两岁半的时候，通常就知道按规矩就寝了，但是，你最好每晚和孩子一起把整个规矩温习一遍。为了让他安心地待在床上，你可以把他心爱的东西一起留在床上，例如，他的毛绒玩具，他的小人书，等等。

要解决他半夜游荡的问题也不难，只要你将他关在房间里就可以了。但是，注意不要把房门紧锁，最好是用松紧带一类具有伸缩性的东西把房门系上，这样，他可以拉开房门却出不来，你也可以随时观察他。

如果孩子就是不肯就寝，你可以尝试让你以外的人来哄他睡觉。这个方法很有效，绝大多数情况在一两个星期内就能解决。

事实上，在四岁之前，孩子几乎都不太适应独自在大床上睡觉，让他整晚都安静地待在床上也不容易。从你的叙述来看，艾瑞现在就没有适应过来。不过，你既然想让他独自睡觉，不妨在他上大床之前，加上一个过渡阶段——让他先尝试在地上的床垫上睡觉。如果他准备好上大床了，再让他换上去。或者，你也可以把他的床垫移到地板上，用他的积木把四周圈起来，弄成一个温馨的小空间，取个他喜欢的名称，让他先在那里睡觉。

总之，在这件事上，你可以尝试管理得更有弹性一点，因为就算他愿意在自己的床上睡觉，也不会造成什么损害。经过一段短时间之后，大多数孩子的夜游情况就会自动消失。如果父母在这个问题上不强求，大多数孩子夜游的情况会消失得更快。

11. 孩子喜欢咬人，怎么办？

读者来信

我实在是无能为力才向你求助的！我有一个独生女叫珍妮，现在两岁半了，活泼好动，但总是无缘无故地咬别的孩子，而且不是开玩笑的那种，她下口很重，不咬到对方流血不肯罢休。被珍妮咬的孩子很多，包括几个婴儿。这种情形是从去年开始的。

无论我怎么做，都不能改掉她这个毛病。我真的不知如何是好。因为我们的新生儿马上就要降临了，我急切地盼望可以矫正珍妮咬人的行为。

我先生建议我说，以后就不要再带她去探访别人了。可是，孩子这么小，让她独自在家我不放心，而且我们也不能因此就和朋友们疏远了啊！请你给我们出个主意，帮帮我们吧！

专家建议

珍妮的表现确实很让人头疼：不访友不行，不带着她去也不行。事实上，从珍妮的行为看来，她还是太小了，不太适合带着她去访友。

幼儿咬人，通常认为是孩子在社交场合中承受过大压力的一种指标。事实上，当她游戏时，是不会出现那么多咬人行为的。所以，问题就出在你身上，你在一些社交场合对她的要求过高了，以致她必须通过咬人来反抗。如果你能够找出这些过高的要求，降低它们，你女儿的咬人行为自然就会减少。

当然，还有一些方法可以矫正你女儿的咬人行为。比如说，在她即将实施咬人前，及时地将手握成拳头，顶在她的下巴处，这样，不但可以使她的嘴巴牢牢地闭上，使她的咬人行动失败，而且还可以使她咬到自己的舌头，尝到咬人的疼痛。这样做几次，孩子的咬人行为肯定会迅速减少。

至于访友的时间，你最好能安排在女儿睡觉时。如果不能避开她醒着的时候，可以把她委托给保姆；或者在访友时，给予你女儿和她的游戏一些关注。因为她还太小，需要你不时给予她一些关注。

在她稍大一些之后，这种咬人的行为一定会好转的。我们不得不承认，如果要让她在没有大人的陪同下和别的孩子玩耍，你可能还要为小珍妮烦心一阵子。不过，等她长大一些之后，这种激进行为反而会给她带来一定的好处。

12. 孩子喜欢光着身子跑来跑去，怎么办？

读者来信

最近，我们两岁半孩子的穿衣问题成了我们最头疼的事。

刚开始，他总是借故鞋子和短袜湿了不肯穿。但是现在，如果给他穿上一件洋装之后，休想再给他加穿毛衣，或者给他穿上内裤。我起初只是认为，他太兴奋了，没觉得会发生什么事。现在我可是担心坏了！

我曾经尝试着把穿衣服这个过程编成一个游

戏，来换取他的配合。但是好景不长，没过多久，他又开始故技重施。我们家因为没有装配暖气设备，尤其到了冬天，我担心长此以往会损害他的健康。无论是长身衣服，还是其他任何一种可以盖住他腿部的衣服，他统统拒绝穿，所幸的是，他夜里还是肯盖被子的。

请你想想办法，帮帮我们吧！

专家建议

这种不穿衣服、光着身子来回跑的行为，不是学前期行为的特例，通常发生在孩子一岁九个月的时候。你孩子两岁半时才出现，还稍微晚了点呢！ 如果这种情形持续很久了，那么，你就有必要采取矫正措施了，最好的措施就是预防他脱掉衣服。

一个通常很成功的方法就是，把衣服前后颠倒一下再给他穿，暂时先抛开他的感觉不谈，也可以在衣服上加上拉链或是系上带子。这个要是不奏效的话，那你就尝试用别针，或者干脆用稀疏的长针把衣服给他缝起来（既然他不喜欢衣服盖住他的腿，那你不妨给他穿短的衣服）。给他穿鞋时，可以把鞋带系成一个双重的蝴蝶结（要解开这个结，对于大多数的两岁半孩子还是很有难度的）。

当然，如果他脱掉衣服跑来跑去，感到很快乐，又不会造成什么伤害，你就不妨先放任他一把。比如洗澡前，你就可以让他恣意享受一番。

另外，你可以回顾一下他这种行为通常都发生在什么时候，找出其中的规律。通常的情况是，孩子在感到疲倦时，比如午饭或晚饭前，就会有脱掉衣服跑来跑去的举动。若你孩子的情形的确如此的话，你不妨调整一下他的时间表，使他不至于过度疲倦。

13. 孩子过度好动、顽皮，怎么办？

读者来信

我怀疑，我那两岁半的女儿妮可的顽皮程度，简直要超越所有我认识的孩子了。我几乎要对她丧失全部的信心了。

下面是她经常会有的一些举动，通常发生在我想吃东西、打扫，或做任何事的时候，使我几乎不知道该怎么收场：

1. 跑来把电视打开，把音量调到最大后跑开。

2. 打开煤气，掉头就跑。

3. 打开房门，冲到街上，不管外头的天气如何。

4. 抓住厕所的卷筒卫生纸的一端，疯狂地往外拉；或者她把能够得着的所有东西丢进马桶里，然后放水冲走。

5. 把我的或是她的发夹插进插座里。

6. 把所有插头从插座里全部拔掉，把灯泡从灯座上拧下来（事实上，在这个过程中，她曾经被电过好几次）。

7. 取下电话听筒，丢在一边跑掉。

8. 用力把窗帘拉下，把卷轴都拉弯了。

9. 在墙上不停地乱写乱画。

10. 硬往狗嘴里塞东西。或者，用力拧狗的耳朵，然后说“对不起”，还亲它一下。

11. 用脏水洗她看见的任何东西。

12. 冰箱一开，她就跑来，拿到什么吃什么。

13. 把家中植物的叶子摘下来，随意地丢在地板上。

你要是认为妮可每天只做这些事情中的几样，

那就大错特错了，她每天要把这些事做上好几遍，弄得我不能安心地做任何事。

事实上，妮可也有可爱的一面，但是，就是她那旺盛的精力太让我受不了了。

有位朋友自告奋勇来帮助我，在我出门办事时，替我照顾一会儿她。可是仅仅一个小时之后，等我回来时，他已经瘫坐在椅子中，一脸无奈地说：“养这样一个女儿，你也太伟大了！”从此，没有任何人敢来帮我了。

我是不是应该带她去看儿童心理学家？或者，你能给我提供一些好的建议吗？

专家建议

首先，忠告对于你这么一个超级好动、精力旺盛的孩子是没有效果的，你真正需要的是一个坚强的、敏捷的人，让他或者她代替你，来监督和照顾妮可也许更好。如果家中没有合适的人选，你可以在附近社区中找一所托儿所，把你女儿放在那里，一星期上三个上午班就好。

其次，每天下午请那位坚强的、敏捷的人带她出去疯玩两三个钟头，或者请他负责在你外出时照顾妮可。玩伴通常是非常关键的，要是给她选对了玩伴，常常可以省去许多麻烦。一个年龄比她稍微大一点儿的男孩，通常能和她玩到一起。

再次，尽量保管好家中的药品和危险品等，用锁锁起来，以防万一被她拿到后出现危险。同时，其他物品也要尽量放在高处。你可以提供给她许多材料让她乱弄一气，比如橡皮泥、沙土、美工玩具等。此外，多准备些供她宣泄大肌肉活动的能量设备，例如秋千、爬梯、滑板等，也是非常必要的。

她的这种破坏力不会一直持续下去，因此，你可以鼓起勇气来，坚持一段时间她自然会变得规矩起来。

如果经济条件许可，你可以带她到海边度假，因为那里有足够的空间，也没有什么可供破坏的东西，对于像她这样的孩子来说，是再好不过的度假地了。许多像她一样，特别好动的孩子在海边生活一段时间之后，通常会变得平静许多。

最后，至于是否要找儿童心理学家这个问题，我们认为不太必要。虽然通过儿童心理学家的诊断和评估，可能你对孩子的了解程度会加深，但是对减缓孩子的发展进度、降低她的兴奋性和活跃性，不会有太大的效果。如果你的家庭条件不是十分宽裕的话，我们的建议是，与其把钱花在那上面，倒不如花在为她找一个个性坚强的、反应敏捷的监护人身上，让他或者她来和你一起照看妮可，也许，会收到更好的效果。

14. 孩子经常晃动小床并且用头撞墙，有什么好办法制止吗？

读者来信

我的儿子名叫理查德，他今年两岁半了，非常热衷于晃动他的那张床。为了消除那恼人的噪音，减少我们每天都要把床复位的工作量，我们在地板上铺了一块厚地毯。因为他确实过于好动了。

他也喜欢用自己的头去撞墙，并且他喜欢硬的物品，而从来不用我们给他的软软的布或者地毯。每一次事情发生时，我们都因为担心孩子受伤而胆战心惊。虽然你们的书里说孩子的这种行为实属正常，可是我们还是很害怕，不知道你能不能给我们一些建议。

专家建议

我觉得，当孩子压抑情绪到极点的时候，就有可能去晃动小床或者用头撞墙。换言之，孩子总是有自己的办法来消除自己的不良情绪，譬如吸手指、扯头发、用头撞墙、晃动小床等。在一部分孩子身上，他对吃手指的兴趣可比后两种行为大多了。但也是近些年，我们才能接受孩子吃手指这件事。

实际上，有一部分人觉得孩子晃动自己的床还是有好处的。因为这种行为能给人一种非常有规律的节奏感，由此我们可以得出结论，这个孩子也许是个音乐天才。

但同时还是会有相反的观点存在，加州的本·范戈尔德博士（Dr. Ben Feingold）是儿童心理学的专家。他曾写过一本书叫作《为什么你的孩子过分活动》（*Why Your Child Is Hyperactive*），书中提到如果孩子经常晃床或者撞墙，那他很有可能患上了早期多动症。

事实上，难以控制的晃床或者撞墙是非常危险的，并且会给孩子甚至家庭今后的日常生活带来很大的困扰。

不过还好，如果情况发展到无法控制的地步，药物治疗是个不错的选择（至少这对大部分患儿都有用）。更加让父母们欣慰的是，专家教授们（如本·范戈尔德博士）相信，如果让孩子长期食用没有人工添加剂的食物，就能使这种“早期多动症”的情况得以改观甚至杜绝。

因此，在地板上铺上厚地毯，并且继续鼓励他去撞柔软的布，这至少会减少一些你的担忧。但是同时，希望你也看看本·范戈尔德博士的书，好好想想，怎样通过饮食来改变孩子的不正常行为。

15. 孩子不懂礼貌，做事犹豫不决，怎么办？

读者来信

我的儿子丹尼今年两岁半了，他现在很是让我头痛，我们现在每天都在争斗、大喊和责打当中度过，我觉得他似乎已经变成了一个问题小孩。近来，丹尼的问题变得愈发严重。“不要！”成为他新的口头禅，不管别人是要帮他穿衣服、洗澡还是在跟他说话或者是带他出去玩，他只会大吼大叫“不要！”，使得事情的进展异常艰难。

最让我抓狂的一件事就是丹尼做什么事都显得那么优柔寡断，他不但自己不能下决心做什么，就连我们教他该怎样他也拒绝去做。当他想要上厕所的时候，就会藏起来让我去找，而不是自己去上。他好像打定了主意要跟我作对，给他的东西他不要，而偏偏对我说的不可以拿的东西表现出很大的兴趣。现在这种情况愈演愈烈，我越是为他做错事惩罚他，他就越要去做。

为了让他可以多吃一点食物，我让他一边玩，一边用小勺子喂他。但是我先生在家的话就不行，因为他爸爸管教孩子通常比较严格，所以我们一家三口在一起吃饭的话通常会发生一些冲突，当然，冲突主要发生在他们父子俩之间。

有朋友曾说过，丹尼是他们见过的最活泼可爱却又固执的小孩。可我们实在是已经心力交瘁了，我们甚至想要把他的活动范围限制在他的小床范围内。

专家建议

你讲的和丹尼相关的每一件事，都无一例外地展现了一个两岁半孩子身上并不鲜见的行为。你必须清楚地认识到，两岁半这个年龄段的孩子和母亲的关系，有时候很和谐，但有时候也会非常不愉快。并且，不论你的管教行为是多么的合乎情理，这样的情况可能还是会发生。

这个年龄段的孩子本身就是偏执、不讲理、认死理、反叛的。你让他去做的事情，基本上他都不会去做。按照惯例每天都该进行的一个个项目，到时候都有可能导致他对你的反抗。你对他说某件事你所希望的结果和施行的步骤，他都会提出一套与你的想法背道而驰的做法来反驳你。

知道一些这个年龄段的孩子常发生的行为习惯，可能会对你有些帮助，但关键是你不要受他的摆布，而应该着手找出新的办法，这样才能帮助你绕过这些障碍解决这些困难。例如，用本书第四章的一些办法来试试。要是可以的话，就请其他人来帮助你照看孩子。

实际上，只要你和他相处的时候出现了“吃得比较听话”的情况，就相当于告诉我们，把事情尽量简化才是对你儿子最好的。如果可以的话，一个人照顾他的日常生活就可以了。

假如你和你丈夫对孩子在管教上有着不同的看法，那就让他管教孩子生活中的某些部分，你就掌管除此之外的其他部分就行了。

像丹尼这样霸道、强悍的男孩子，对于做家事这种活动一般来说是很有天赋的。你可以找些家事让他和你一起来做。另外，就算他午觉不能睡得很好，那也必须在每天午饭后让他有一段午觉时间。即使这段时间他在玩，你们短暂的分开也可以让彼此之间的矛盾得到缓解。

16. 家里又有新生儿降生，怎样帮两岁的孩子适应？

读者来信

我们现在有一个两岁半的孩子，而第二个孩子很快要出生了。我们的问题是，当新生儿来临时，我们怎样做才能让两岁半的孩子适应这一切，并让他不会有任何不高兴、嫉妒或者被抛弃的感觉。

专家建议

你可能不能完全避免他有不高兴、嫉妒或者被抛弃的感觉，可是这并不代表你可以不向着这个目标努力。如果你不能准确猜想到孩子会有怎样的反应，你就借助自己掌握的常识探索出一个对你和孩子最有用的办法来。

第一，婴儿的事不能太早跟他说，一般在婴儿出生前一个月左右告诉他最合适，不过如果留意到你的体形变大，并好奇地问你是怎么回事，你可以告诉他。

第二，不要在他面前大夸婴儿多么好玩，或者有婴儿多么好。

第三，要有长远且适用的方案。

你外出时，他一样可以在舒适安全的环境中得到无微不至的照顾。比如，雇一名熟悉的保姆在家里照顾他，或者把他放到爷爷奶奶家或者其他亲戚家里去住，这样他就没有那么想妈妈了。还有人发现了一个不错的方法，那就是在把婴儿抱回家的时候，买一份礼物送给大的孩子，告诉他是小婴儿送给他的。这个办法看似可笑，但是对于孩子却非常有用。很多人还常用另外一个办法，就是当朋友来看婴儿的时候，给婴儿送礼物的时候也有一份是给大孩子的。

除此之外，你还必须尽量把大孩子的生活安排处理妥当，让他的生活不会过于因为婴儿的到来而受到严重干扰。由于妈妈有相当多的时间会被占用，因此，要是可以雇保姆或者其他亲信的人来帮忙照顾婴儿的话，就最好了。

要是大孩子对婴儿产生了抵触感，或者让你马上把婴儿送回他来的地方（虽然他最终还是要接受这个“入侵者”留在家里的事实），你这时也必须接受他此刻的行为，并且尊重他的想法。

17. 孩子每天都很早就起床，家里被弄得乱糟糟的，该如何处理？

读者来信

我的孩子叫乔伊，今年两岁半了。他经常都是早上六点有时甚至更早就要起床（比我起床的时间都早），起床后跑进浴室，把肥皂和水弄得到处都是，简直惨不忍睹。我已经把很多东西都放得很高了，但是没办法把日常用的水和肥皂也收起来啊。他还找了很多他能拿到的东西，并且全都一股脑扔进了马桶。今天早上，他去了楼下。

你完全不敢想象，他把糖、咖啡、蜂蜜、盐弄得到处都是，所有的东西都被弄得一团糟。

每当他做这些事的时候都是不出声音的，所以这么久都没有吵醒我。以前他每天都要睡到七点，直到闹钟响了他才会起床，但是现在他不是那样的了。与他这个年龄的孩子相比，他的确很聪明，会说好听的话，但是，吃东西的表现却很不好。我的丈夫去世了，我一个人抚养这样一个孩子真的很困难，我希望能得到你们的帮助。

专家建议

我们对你的境遇很是同情，你只是想可以再睡会儿，只是希望孩子哪怕在你还没起床时早就醒来了，但也很乖不去捣乱。可是很不幸，可能你必须在“睡觉”和“保护财产”之中选择一个了。我们认为，你必须设置一个六点的闹铃。半年之后，你可能会察觉到，如果放一些好吃的在外面，或者准备一些玩具、图书，这样就能使孩子在他的房间多玩上一会儿。另外，你可以将一个铃铛拴在他房间的门上面，当他起来开门时，你就会被铃铛的声音吵醒。

“我们安心地放松休息，而孩子在家里一个人安静、安全且高兴地玩着，不会去闯祸”，这是绝大多数母亲做梦都希望的事。然而，妈妈安心的睡眠却往往是用一屋子的零乱换来的——不只是一地散乱，就是咖啡、盐、糖之类的东西弄得到处都是。

可是，你也不能把所有东西都放在他拿不到的地方，但是，你可以多加几道门，多添置几个橱柜。另外，你可以在浴室里放置一个药品柜，把肥皂都装进去，把门栓设在门上相对较高的位置，这样他就拿不到了。

18. 孩子事事和你对着干，怎么办？

读者来信

我的女儿叫菲凯，今年两岁半，我现在被她弄得狼狈极了。开始我还觉得这件事很有意思，并且认为自己处理得恰如其分，自我感觉良好，可是现在我不再敢肯定了。

我发现，要是叫菲凯去做一些事情，而她不去做，那我就会告诉她一些与我本意正好相反的话。比如：要是我发现她拿着食物不吃，而是在兴致勃勃玩儿的时候，我就对她说："菲凯，妈妈想吃一些你的食物，所以你现在别吃了。"她这时很快就会把食物吃完。

开始这一切都很顺利，我还觉得生活原来如此简单。可是现在，如果我不说一些反话，她就不会去做任何事情。我这才意识到当初自己做得并不对。

专家建议

你的这个经验是非常普遍的。很多两岁半的孩子确实是很喜欢唱反调的，他们偏执于做一些与大人让他们做的相反的事。很多母亲和你是一样的，觉察到要是对孩子说反话，就可以让他们乖乖听话。

虽然这样做有一定的好处，但麻烦的是，这种做法应用不久就会“变味”，因此，很多妈妈都甘愿不要开这个头。但现在你已经困在自己设的陷阱里了。为了不让这个事态继续发展下去，你最好不要直接指使他去干什么，比如说“要这样做”或“不要那么做”，而是尽量运用一些对于学前期孩子常用的技巧，例如：“现在吃点点心，好吗？”或者：“我们一起来收拾你的玩具吧！”

这些办法的最常见好处是，要是孩子不按照你提议的去做，你就可以跳过这件事不再提，又不会觉得没有面子。还有就是，你既然没有明确要求她做什么，菲凯就很难对你说的话反着做了。

19. 孩子不能和其他孩子和睦相处，怎么办？

读者来信

我的孩子今年两岁半了，他总是不能和他的朋友们和睦相处。当他和那些年龄相仿的孩子一起玩时，他就具有非常强的攻击性，结果常常使他们的游戏因为打得一塌糊涂而结束。当他和年长一些的孩子一起玩的时候，他还是经常把事情弄得很糟，以至于最后这场游戏也会因为他的哭闹而结束。这样一来，小伙伴们都觉得和他一起不好玩。我怎么做才能帮助他，让他在游戏中表现得不再那么糟糕呢？

专家建议

很明显，你的孩子至少现在还无法解决怎样和其他孩子和睦相处的问题。首先，你得先考虑一下，在平时和他玩的孩子里面，和你儿子最能和睦相处的有哪几个，然后就只让他和这几个孩子玩。

几个孩子在一起玩游戏的时候，人数会造成一定的差别。有的孩子和另外一个孩子玩得很好，但又有两三个孩子加入进来，情况就不妙了。

除此之外，这种游戏中的差别也和时间有一定的关系。有些孩子可能在十几分钟或半个小时内玩得很开心，可是再玩下就可能出问题了。玩游戏的场所也能引起差异，有些孩子在自己家这个区域内会玩得很放心、很开心，一旦换个地方就不行了。当然有的孩子在家里玩的时候会很在意保护自己的东西，这样的话，在别人家里会玩得更好一些。还有些孩子会在一些中性区域玩得最开心，例如广场、公园或者游乐场。

弄懂了这些以后，你可以采用监督的办法（但是，这样的办法在孩子长大后就不再有效果了）。你也可以和其他母亲联系，大家一起安排游戏的时间、地点、方式。在自己家里玩儿时，妈妈一个人就能担负起监督的责任。但如果选择到户外玩儿，最好是几位妈妈能做出统一的规划，轮流照顾孩子。

在与人交往上，两岁半的孩子往往会表现出比较蛮横的一面。不过，在妈妈的帮助下，每个两岁半的孩子都不至于表现得过于糟糕。

结 语

亲爱的妈妈、爸爸们，这就是你们两岁的小宝贝所表现出来的行为特征（至少我们所见的他是这个样子的）。如果在孩子这重要一年的后半段，你们的男孩子或女孩子，有那么一丁点儿难照料，有一点儿任性，又相当顽固自我，比以前更难相处的话，请你们记住这样一句话：成长总会伴随着风雨洗礼，不可能总是一帆风顺的。

你的孩子会随着年龄的增长而长大，他解决事情的能力和特立独行的性格都会有所发展。因为成长的道路充满坎坷，有时候他的内心里也免不了进行一番斗争，所以他常常不能很好地处理与周围人的关系。

不过还好，大多数孩子都会遵循一定的模式发展，我们可以预知下一阶段大概会是怎么样的。

我们所能预料的事情之一是，就算孩子在两岁到三岁时照看起来会有一定的困难，但幸运的是，在这段时间的前半段，他是非常乖顺的、友善的、可爱的、乐观的。父母们所期望的不正是如此吗？

Appendix

附 录

附录一：

适合二到六岁孩子的玩具和设备

◇ 动物玩具、篮子、箱子、跷跷板、滑梯、跳跃板、扫帚、鸡毛掸子、小拖把、抹布、水彩笔、刷子、有抽屉的小柜子、小橱子、黏土、供玩乐的攀爬设备（如单行杠或双行杠等户外游乐设施）

◇ 扮演道具箱，包括袖珍的书籍、帽子、手套、围巾、珠宝、窗帘等

◇ 大型的蜡笔盘子和做饭道具

◇ 娃娃床、娃娃推车、娃娃衣服（有大扣子和扣洞）

◇ 书架、绘画纸笔、可操作玩偶、带孔积木、小洗衣桶、烫衣板、熨斗、大人用的晒衣架

◇ 木头

◇ 乐器，如铃铛、鼓、锣、木琴、音乐盒等

◇ 自然标本类，如小鱼、乌龟、小兔子、天竺鼠或者植物

◇ 大量的盒子、罐子

◇ 箱子（比较坚固的，可以供小孩攀爬）、水彩、广告颜料、录音机、冰箱、绳子、线

◇ 水沙玩具，包括小勺、小水桶、筛子等

◇ 滑梯、小飞机、小汽车、小卡车、小船、小火车等

附录二：

适合两岁孩子的玩具

◇ 一般用的

能够走上去的斜坡板、容易装卸的平台攀爬设施

装有弹簧，可以弹跳出玩偶的盒子

踏板式的小汽车、木质积木

各种颜色的插桩板或者工作台

塑胶动物、与攀爬设备相连的滑梯

◇ 动物玩具

扮演时的道具

装扮用的娃娃和相关配件：毯子、彩色方布、小床、推车、茶具等

◇ 家用材料

小扫把、塑胶的或者木质盘子、壶、锅、桌、椅、熨斗、烫衣板、电话等

◇ 带轮的玩具

消防车、汽车、有车厢的火车、卡车等

◇ 用来装扮自己的道具

帽子、高跟鞋、围巾、袖珍型书籍、洋装等

◇ 手指和手活动专用玩具

供串珠用的大颗珠子

◇ 带有扣子或者花边的书和玩具

积木、橡皮球、黑板、粉笔、蜡笔、手指画的颜料和黏土

附录三：
适合两岁半孩子的玩具

◇ 之前所说的各种玩具

◇ 可以用来搭建、搬运、拖运、在上面走的“板子”

◇ 黏土

◇ 救火车、火车、铁锹、运土车

◇ 中间有孔的大积木

◇ 大纸箱

◇ 大水彩笔

◇ 大木质珠

◇ 木头

◇ 木片拼图

◇ 螺丝钉式能旋转的玩具

◇ 吹肥皂泡的管子

◇ 脚踏小三轮车

图书在版编目（CIP）数据

你的2岁孩子 /（美）路易丝·埃姆斯，（美）弗兰西斯·伊尔克著；崔运帷译．— 北京：北京联合出版公司，2018.3（2024.6 重印）

ISBN 978-7-5596-1563-3

Ⅰ．①你… Ⅱ．①路… ②弗… ③崔… Ⅲ．①儿童教育－家庭教育 Ⅳ．①G781

中国版本图书馆 CIP 数据核字（2018）第 006707 号

北京版权局著作权合同登记 图字：01-2017-8578 号

你的2岁孩子

作　　者 [美]路易丝·埃姆斯
[美]弗兰西斯·伊尔克
译　　者 崔运帷
责任编辑 李　红　徐　樟
项目策划 紫图图书 ZITO®
监　　制 黄　利　万　夏
特约编辑 曹莉丽
营销支持 曹莉丽
装帧设计 紫图图书 ZITO®

北京联合出版公司出版
（北京市西城区德外大街 83 号楼 9 层　100088）
艺堂印刷（天津）有限公司印刷　新华书店经销
字数 120 千字　880 毫米 ×1230 毫米　1/32　8.5 印张
2018 年 3 月第 1 版　2024 年 6 月第 18 次印刷
ISBN 978-7-5596-1563-3
定价：49.90 元

紫图·汉字课

出版社：中国致公出版社
定价：329.00 元（全 5 册）
开本：16 开
出版日期：2018 年 5 月

《汉字好好玩》（全 5 册）

有画面、有知识、有故事、有历史的汉字图书。
中央电视台、湖南卫视等多家媒体报道！
学汉字就像在看画，写汉字就像在学画！

《汉字好好玩》曾获选为台湾“百年文学好书”，多次参加两岸文博会，被中央电视台、湖南卫视等多家媒体争相报导，并引发代购狂潮。这套书保留了象形文字的精华，延续了汉字原创的精神，展现了“画中有字 字中有画”的汉字精髓，融合了文字学、哲学、美学与创意，以艺术的眼光介绍汉字！

作者精选 75 幅主题汉字画，500 多个常用汉字的起源和演变，打破传统一笔一画的汉字学习方式，倡导图像学习汉字的新思维！

出版社：北京日报出版社
定价：129 元（全三册）
开本：16 开
出版日期：2019 年 5 月

《一笔一画学汉字：1-3》

只要 15 幅汉字画，就能轻松学会 86 个汉字。
从根源认汉字，才是智慧的学习方式。

《一笔一画学汉字：1-3》是《汉字好好玩》作者张宏如给孩子的汉字启蒙书，作者原创多幅汉字画作品，打破传统的汉字学习方式，让孩子们从一幅幅汉字画中感受古人造字的精髓，识字就像看画，写字就像在画画。只要一幅汉字画就可以同时达到识字、写字的效果。

出版社：北京日报出版社
定价：129 元（全三册）
开本：16 开
出版日期：2019 年 11 月

《一笔一画学汉字：4-6》

只要 15 幅汉字画，就能轻松学会 80 个汉字。
从根源认汉字，才是智慧的学习方式。

《一笔一画学汉字：4-6》是《汉字好好玩》作者张宏如给孩子的汉字启蒙书，作者原创多幅汉字画作品，打破传统的汉字学习方式，让孩子们从一幅幅汉字画中感受古人造字的精髓，识字就像看画，写字就像在画画。只要一幅汉字画就可以同时达到识字、写字的效果。

紫图·育儿课

出版社：北京联合出版公司
定价：99.9 元（全两册）
开本：16 开
出版日期：2019 年 8 月

《法布尔植物记：手绘珍藏版》（全 2 册）

因《昆虫记》闻名于世的法布尔又一巨作。
所有植物爱好者不可错过的“植物圣经”。
大自然给您和孩子的邀请信，送给孩子最好的礼物。

《法布尔植物记：手绘珍藏版》（全 2 册）由《昆虫记》作者法布尔耗时 10 年著成，权威，科学，生动有趣。法布尔用讲故事的形式讲述了植物一生的美丽故事，同时还告诉读者许多人生的智慧，是激发孩子探索世界的最好礼物。为了还原最真实的植物形态，绘者历时 2 年取景，培育植物，最终精美呈现出 300 余幅插画。

出版社：北京联合出版公司
定价：199.00 元（全 6 册）
开本：16 开
出版日期：2019 年 6 月

《勇敢的小狼》（全 6 册）

本系列荣获 2016/17 年英国人民图书奖“最佳童书”奖项、提名 2017 妈妈选择奖“最佳儿童读物系列”、提名 2017 英国教育资源奖“最佳教育图书”。

《勇敢的小狼》（全 6 册）由知名童书作家创作，专业童书插画家配图，已授权多个国家和地区。这是一套专为 4~7 岁孩子创作的绘本，帮助全球孩子化解成长过程中遇到的情绪问题，让家长不再焦虑，让孩子学会管理自己。随书赠送 4 套情绪卡片。

出版社：现代出版社
定价：42 元
开本：32 开
出版日期：2017 年 2 月

《青少年抗焦虑手册》

哈佛大学临床心理学家给孩子的成长课。

本书是一本为生活学习中普遍存在焦虑问题的青少年和年轻人提供的心理自助实用手册。孩子在父母或老师的带领下，在家里、学校里或者任何地方都可以拿来学习和使用，消除焦虑，纾解压力。书中针对具体问题设计了启发式问答及练习，帮助读者更好地理解焦虑的根源，养成积极的思维习惯。作者循循善诱，字里行间流露出同情和理解，充分考虑到青少年、年轻读者群的心理特点，融专业实用和趣味阅读于一体，是一本十分难得的心理健康读物。

紫图·育儿课

出版社：北京联合出版公司
定价：49.9 元
开本：32 开
出版日期：2019 年 9 月

《开启高敏感孩子的天赋》

高敏感不是缺陷，而是上苍赐予 TA 最特别的礼物。
肯定 TA 的独特，开启他们的天赋，让他们感受更多，想象更多，创造更多。

《开启高敏感孩子的天赋》是高敏感孩子第一临床医生的扛鼎之作，给高敏感孩子家长的 41 个养育·照顾·陪伴的指导。全世界每 5 个人当中就有 1 个人是高敏感族，当这个人是孩子时，就是“高敏感孩子”。高敏感是种与生俱来的气质，它会成为孩子的弱点或是优点，全靠父母的教养方式。

出版社：北京日报出版社
定价：49.9 元
开本：32 开
出版日期：2019 年 9 月

《赢在未来的“虎刺怕”小孩》

“虎刺怕”（Chutzpah）是犹太人特有的“个性品牌”，代表勇敢、不畏权威、大胆。
马云说：“在以色列，我学到了一个词，Chutzpah——挑战传统的勇气。我相信这种精神属于 21 世纪，属于第三次技术革命，属于未来。”

《赢在未来的“虎刺怕”小孩》是一本展现犹太人育儿经验的书，给家有 0~12 岁孩子的你，养出不畏权威、理性对话的“虎刺怕”小孩。小孩哭不停，大人到底该不该介入？孩子不爱念书，怎么办？和小孩讲话不听怎么办？……犹太人育儿经验告诉你，如果想要孩子赢在未来，那么就给予孩子充满安全感、幸福快乐的童年！

出版社：江西科学技术出版社
定价：39.9 元
开本：16 开
出版日期：2016 年 1 月

《妈妈强大了，孩子才优秀》

央视著名主持人李小萌真心推荐“一本教妈妈的书，胜过十本教孩子的书。”
书中强调了家长要接纳孩子，要了解孩子不同年龄的心理特色，不要进行错位教育，否则大人孩子都累！

本书是儿童教育专家罗玲经多年研究，并结合自身育儿经验的心血之作。不但解决了育儿中的难题，甚至改变了家长在生活中的态度。书中除了给出具体解决诸如孩子胆小、好动、打人、骂人、磨蹭、逆反、不认错、爱抱怨、爱哭闹等生活中常常让大人焦头烂额的育儿问题的方法外，还从根本上告诉家长要如何才能帮助孩子长成最好的自己，如何引导孩子合理发挥自己的智能。

紫图·育儿课

出版社：江西科学技术出版社
定价：49.9 元
开本：16 开
出版日期：2018 年 3 月

罗大伦《脾虚的孩子不长个、胃口差、爱感冒》

不伤孩子的脾，别伤孩子的心。
从调理脾胃和情绪入手，有效祛除孩子常见病根源。
2018 年修订升级版 。
新增当下常见的儿童舌苔剥落成因及调理。

一本从调理脾胃和情绪入手，教会家长如何对症调理孩子常见病并祛除疾病根的书。书里介绍的各类调理方法已被无数受益的家长验证有效，只要家长认真按书里介绍的辩证使用即可。由知名中医诊断学博士，中央电视台《百家讲坛》特邀嘉宾罗大伦倾心奉献，帮助家长调理孩子瘦弱、不长个、胃口差、爱发脾气等一系列令人焦心的孩子生理和心理问题。随书赠送：孩子长得高、胃口好、不感冒的特效推拿、食疗方速查速用全彩拉页。

出版社：江西科学技术出版社
定价：49.9 元
开本：16 开
出版日期：2018 年 3 月

罗大伦《让孩子不发烧、不咳嗽、不积食》

调好孩子脾和肺，从小到大不生病。
指导家长用食疗和心理学方法 对症调理孩子常见病。
2018 年修订升级版。
新增怀山药治疗外感使月大全、白萝卜水止咳法。

书中把孩子发烧、咳嗽、积食各个阶段的病因和症状讲得通俗、清晰，可以让任何家长都能及时发现孩子身体状况的变化，防患于未然。介绍的调理方法简单、安全，多为食疗及外治法，能提供给家长一系列可操作的解决方案。由知名中医诊断学博士，中央电视台《百家讲坛》特邀嘉宾罗大伦和儿童教育专家、亲子、教育专栏作家罗玲联袂著作，教你快速成为孩子身体和心理上的全方位保护神。随书赠送：孩子常见疾病的每个阶段不同疗法速查速用全彩拉页。

出版社：江西科学技术出版社
定价：69.9 元
开本：16 开
出版日期：2019 年 7 月

罗大伦《图解儿童舌诊》

知名中医专家、中医诊断学博士罗大伦，根据孩子常见身体问题与不同体质舌象的精准分析，给出了 40 种对症调理孩子身体的食疗、泡脚、推拿方等。

很多孩子生病后，自己也说不清到底是哪里不舒服。作为家长，只要把孩子的舌象看清楚了，就能分析出孩子的问题到底出在了哪里，不仅能在疾病的早期及时给与食疗、推拿等调理的方法，也能在自己无法解决时，将孩子身体状况的准确信息传达给医生，便于医生诊治，从而更好地配合治疗，帮孩子早日恢复健康。